양종기 박사의 경제이야기 10

불안한 금융경제, 비효율의 한국금융

도서출판 원

머 리 말

한국 금융은 선진국 금융과 무엇이 어떻게 다를까? 한국 금융시장과 금융기관의 안정성과 효율성은 충분히 발휘되고 정상적으로 작동하고 있는 것일까? 한국 금융은 지금도 여전히 관치금융과 정부 개입이 활개 치며 다니고 있다.

한국 금융은 비리와 유착관계, 인맥 형성, 정치적 결탁 속에서 움직이는 사건이 허다했고 비일비재하다. 부정부패와 비리가 판치는 한국 사회가 만들어 내고 있는 금융경제의 활동성과에 대해 국민들은 어떻게 평가하고 있을까? 금융안정과 불안정 및 비효율성은 금융경제활동과 밀접한 상호 의존관계에 있다.

한국의 금융안정과 불안정 측면의 관점에서 볼 때에도 특정 정치집단이 권력기관에 들어설 때마다 집권한 정부의 개입과 결탁 속에서 금융기관간의 상호 거래가 이루어지는 현상에 주목해 볼 필요가 있다. 한국은 1945년 해방 이후 지금까지 70년 동안 소위 진보정권 10년 집권과 60년 보수정권이 통치하고 있는 나라이다.

한국경제는 70년이 지났는데도 아직도 여전히 식민지 유산이 남아 있고 이승만의 장기 독재 집권, 박정희 - 전두환 - 노태우 등 군부가 30년 이상 철권 통치했던 정부들이 만들고 형성해 온 경제 현실이다. 특히 독재 군부가 장기 집권하면서 운영해 온 한국경제는 파행적인 구조화가 뿌리 깊이 박히는 시기의 경제였다.

오늘날 문제되고 있는 한국의 금융 불안과 비효율성도 모두 과거의 역사적인 유산에서 쌓이게 된 적폐지만 이 모든 금융 병폐들을 한국경제 전반에서 바라보고 미시 - 거시적인 접근법으로 분석하는 것은 당연하다. 한국 금융의 안정성과 효율성 여부는 여전히 신흥국 처지에서 따져 보아야 하는 실정이다.

본서는 한국의 금융 안정성과 효율성에 초점을 맞추어 집중적으로 살펴보고 있다. 본서는 필자가 금융 현상에 대해 보도한 기사를 수시로 보며 써 놓은 것을 모아 책으로 묶은 것이다.

2016년 4월

일산, 자택에서

차 | 례 |

머리말

1. 한국 금융의 불안한 연결고리

한국 가계는 2013년 정부의 서민금융 지원 정책으로 개인 85만 명이 채무조정을 받았다. 정부 정책은 계속 확대돼 2014년에는 구제 대상이 90만명을 넘고, 2015년에는 100만명에 육박한다. 그러나 이런 정부의 빚 탕감에도 서민들은 장기 불황에 따른 고용 악화 등으로 여전히 빚의 굴레에서 벗어나지 못하고 있다. 국민행복기금 등 서민금융 지원은 확대될 예정이어서 도덕적 해이 우려와 함께 대다수 서민들에 대한 형평성 문제까지 제기된다[서울=연합뉴스 심재훈 김태종 기자, 2013.12.25].

정부는 2013년에도 각종 기관을 통해 다양한 서민금융 지원 정책을 추진했다. 저신용·저소득 서민층을 위한 정부의 신용회복과 채무조정은 그동안 수차례 반복돼 왔다. 정부는 2000**년대 초** 가계대출과 신용카드 사용이 급격히 늘어나면서 신용불량자가 400만명에 육박하자, 2004년 배드뱅크 프로그램인 한마음금융을 도입했다. 이를 통해 채무자의 이자와 원금을 30% 깎아줬다.

2005년에는 희망사업을 통해 한마음금융 대상자 중 대환대출 미신청자의 연체채권을 30여개 금융기관으로부터 매입했고, 제도권 금융기관의 서민금융 지원이 줄어들 때에는 신용회복기금을 통해 원금 30%를 감면해줬다.

2013년에는 지난 4월 개인 채무조정을 위한 국민행복기금을 통해 23만여명에 이르는 금융채무 연체자와 채무조정협약을 체결했다. 저금리 대환 대출 '바꿔 드림론'은 지난 11월까지 5만2천940명이 혜택을 봤다.

미소금융 등 저리의 서민금융상품 공급은 2011년 2조2천억원에서 2013년에는 지난 11월까지 3조8천억원으로 크게 늘었다. 이들 상품을 통한 채무 조정 수혜자만 올해 40만명에 달한다[햇살론, 새희망홀씨].

신용회복위원회의 사전채무조정과 개인워크아웃 수혜자도 2013년 말까지 9만7천명에 달하고, 신용보증기금의 지원도 1만명에 달할 것으로 예상된다. 하우스푸어 지원을 위한 은행권 자체 프리워크아웃과 경매유예제도 활성화로 하우스푸어 2만여 가구가 지원을 받았다.

서민금융에 대한 정부 지원이 확대되고 있지만, 서민들은 여전히 빚에 허덕이고 있다. 최근에는 경기 불황으로 고용 환경이 나빠져 일자리를 잃으면서 불법 사금융을 이용하거나 고금리 대출에 내몰리는 상황도 적지 않게 발생한다.

지난 10월 정부가 파악한 **금융채무연체자만 351만명에 이른다. 이들 중에는 채무조정 등 금융지원만으로는 다시 일어서기 어려운 서민들은 상당히 많다. 경기 불황에 고용 상황이 악화되면서 아무런 수입이 없이 빚만 계속해서 늘어나고 있다.**

이들 대부분은 더 이상 은행에서는 대출을 받지 못해 제2, 제3 금융권에 기댄다. 은행권의 상대적으로 낮은 금리 혜택을 볼 수 없기 때문에 고금리 대출을 이용하고, 이에 원금에 이자까지 계속 늘어나면서 **불법 채권 추심으로 고통 받는 상황이 지속되고 있다.**

우리나라 가구의 평균 부채는 5천818만원으로 지난해 조사보다 6.8% 증가했다. 저소득층의 빚이 지난 한 해 동안 25% 가까이 늘었고, 재무건전성도 나빠져 서민의 살림살이가 한층 더 어려워졌다. **특히, 소득이 하위 20%인 저소득 계층의 부채가 많이 늘면서 고금리 대출의 악순환 되고 있다**[통계청 · 한국은행 · 금융감독원; 2013 가계금융 · 복지조사].

이와 같이 정부의 가계 부채 탕감 정책이 여러 가지 부산물을 낳고 있다. 논란은 도덕적 해이와 역차별이다. 장기 연체자의 채무를 낮춰 자활 의지를 북돋우고 이를 통해 구직까지 연결해 경제의 선순환을 유도하려는 채무조정이 사실상 정부가 채무의 일부를 변제해 주는 셈이어서 '갚지 않아도 된다'는 도덕적 불감증을 야기하는 문제다. 갚을 능력이 되는데도 고의적인 장기 연체를 통해 다시 채무조정을 받으려고 할 수도 있고, 자신의 재산을 '은닉' 할 수도 있다.

앞으로 혜택을 받기 위해 일부러 빚을 갚지 않는 이른바 '버티기 채무자'가 늘어날 우려도 있다. 실제로 올해 미소금융의 연체율은 7%를 넘고, 햇살론 연체율은 10%에 육박하는 등 매년 늘어나고 있다. 여기에 역차별의 문제도 있다. **빚을 갚기 버겁지만 없는 살림으로 원금을 꼬박꼬박 갚아나가는 성실 상환자들과의 형평성 문제다. 계속되는 정부의 채무탕감이 정부의 바람보다는 결국 개인 채무에 대한 도덕적 불감증을 심화시켜 악영향을 끼칠 수 있다**[서울=연합뉴스 심재훈 김태종 기자, 2013.12.25.].

정부의 가계부채 탕감정책은 성실상환자의 형평문제와 채무자의 도덕적 해이를 유발하고 비정상의 금융질서를 구조화하면서 잠재금융 불안을 키우게 된다. 한국금융은 계속 잠재 폭탄을 앉고 가는 셈이다.

2. 부동산 및 주식자산 부의 효과와 불안한 한국금융

2013년의 경우, 한국경제는 미국과 함께 경기 호전이 양호한 편이다. 최근 미국 경기는 주가상승에 따른 주식자산 가치 증가와 부 효과에 따른 소비 및 투자 증대 내수 증대에 힘입어 꾸준히 회복되는 중이다[1].

반면 한국은 공공수요 및 수출수요 증대에 힘입어 경기회복이 이어지고 있지만 부동산 시장 침체와 가계부채 문제로 소비 및 건설 수요가 살아나지 못하면서 경기회복이 불확실하다.

경제회복을 등에 업고 한국 증시가 상승했지만 34**개** OECD**회원국 중 한국 주가 상승률은 제일 꼴찌에 머물고 있다. 다시 말해서 주가상승에 늘어난 주식자산 부의 효과가 부동산 자산의 마이너스**

1) 미국은 주식 및 채권시장에 크게 의존한 "자본"주의 시장경제이다. 미국의 글로벌 기업의 자금조달은 대부분 증권시장을 통해 이루어진다.

부의 효과를 압도하는 위력을 발휘하지 못하고 있다. 주식자산은 일부 부유 계층이 소유하고 있는 반면 부동산 자산은 전 계층이 보유하고 있기 때문이다.

경제협력개발기구(OECD) 34개 회원국 중 2013년 한국 주가 상승률은 30위다. **한국은 대규모 부양책에도 불구하고 주가 상승률은 최하위수준에 있는 반면 일본은 경기부양 효과에 힘입어 주식시장이 50% 이상 급상승했다.**

한국 코스피는 1,983.35(2013.12.20)로 올해 상승률이 -0.7%를 기록했다. 코스피 상승률은 OECD 34개 회원국 중 30위에 머물렀다. OECD 회원국 중 지수가 내려간 곳은 한국 코스피와 칠레 IGPA(-13.6%), 터키 ISE100(-11.0%), 체코 PX(-5.9%), 멕시코 IPC(-3.5%) 등 5곳뿐이다.

나머지 30개국은 지수가 상승했고, 특히 일본 닛케이평균주가는 작년 말 10,395.18에서 이달 20일 15,870.42로 52.7% 급등하며 1위에 올랐다. 닛케이평균주가는 최근 6년 만에 사상 최고치를 기록한 이후 기록 경신을 이어가고 있다[서울=연합뉴스 박상돈 기자, 2013.12.24/ 금융투자업계/국제금융센터].

다음으로 아일랜드 ISEQ(32.3%), 아이슬란드 ICEX(25.9%), 핀란드 HEL25(25.8%), 미국 다우존스산업평균지수(23.8%), 그리스 종합

(23.8%), 독일 DAX(23.5%), 덴마크 KFX(22.0%), 노르웨이 OSE(20.5%) 등의 순으로 지수 상승률이 높았다. 같은 기간에 미국 나스닥 종합지수는 35.9%, 스탠더드 앤드 푸어스(S&P) 500지수는 27.5% 각각 올랐다. 12월 20일 다우존스산업평균지수는 16,221.08로 사상 최고치를 기록했고 스탠더드 앤드 푸어스(S&P) 500지수도 1,818.36으로 사상 최고치였다.

올해 일본과 미국 증시가 세계 증시 분위기를 이끌며 상승하는 동안 한국은 오히려 하락세를 보이며 심각한 '디커플링(탈동조화)' 현상을 보였다. 한국은 정부의 강력한 경기부양책을 썼지만 증시상승에는 동력이 되지 못한 채 엔화 약세에 따른 수출 경쟁력 약화와 거래량 감소, 양적완화 축소 움직임에 따른 투자심리 위축 등에 짓눌려 오히려 증시 침체를 면치 못했다[서울=연합뉴스 박상돈 기자, 2013.12.24./금융투자업계/국제금융센터].

- 한국 금융의 불안정

미국의 신용등급 강등과 유럽의 부채위기로 전 세계 증시가 패닉상태에 빠졌을 때, 한국 증시만 유독 많이 떨어졌다.

코스피지수는 이 달 들어 22%가 폭락했다. **한국 주식은 상당 부분 외국인 보유 비중이 높아 외국인이 주식을 팔아 달러와 엔화로**

이동하면 주식은 급락하고 원화 가치도 추락한다. 원화 가치는 한국 정부가 외환시장에 개입한 것으로 알려졌음에도 지난 5일 이후 달러 대비 3.6% 하락했다. **해외 악재에 민감하게 반응하는 한국경제는 다음과 같은 특징적인 체질에 있다.**

첫째, 한국 경제는 해외경제에 지나치게 의존하고 있다. 특히 미국경제 의존도가 크다. 미국 경제가 둔화되면 한국산 자동차와 전자제품의 수출이 타격을 받는다. 한국의 수출품은 재벌계열사들이 주도하고 있는 것도 문제다. **수출은 한국 국내총생산**(GDP)**의** 51.6%**에 달한다.**

둘째, 한국금융의 대외의존성이다. 한국의 은행들은 유럽 은행들의 도매 금융에 많이 의존하고 있다. 이는 한국의 금융시스템에 잠재적 현금 경색 우려를 낳을 수 있다. 도매금융은 순식간에 거대한 규모로 움직인다.

셋째, 한국 주식시장은 해외 악재에 변덕스럽게 반응한다. 대외위기는 한국 증시를 가장 심하게 추락시키는 원인이다. 한국 주식시장 시가총액의 약 3분의 1 가량이 외국인 소유다. 외국인들이 물러나면 자금이 금세 빠져나가면 증시가 심하게 출렁거린다. 여기에 심리적인 요인까지 가세하면 걷잡을 수 없이 나락에 빠져들기 쉽다.

넷째, 한국의 주식 투자자들은 해외 시나리오에 민감하게 반응한다. 불안한 해외경제가 전망되면 한국 국내총생산(GDP) 성장률이 떨어지면서 주식시장이 상당한 하강 압박을 받는다. 미국과 유럽경제가 최악의 상황이 도래하면 한국 GDP 성장이 떨어진다.

다섯째, 한국 제조업은 세계적으로 경쟁력을 인정받지만 한국 원화는 해외 투자자들에게 위험 통화로 인식되고 있다. 원화 약세는 2008~2009년에 그랬던 것처럼 광범위한 글로벌 리스크를 상쇄할 수 있었다. 미국과 유럽의 경제가 약화되는 것은 한국 경제에 부정적이지만 유가 하락과 엔화 강세/원화 약세는 글로벌 경제 둔화의 타격을 완화시키며 부정적 충격이 끝난 뒤 강한 V자형 반등할 수 있다[머니투데이 권성희기자, 2011.8.9, 월스트리트 저널, 알렉스 프랭고스(Alex Frangos) 기자].

- 한국경제는 글로벌 금융위기를 기억하라.

2008년 9월 15일 **미국 투자은행(IB) 리먼브러더스의 파산신청 소식과 뒤따른 세계 금융위기 발발은 한국 금융시장을 쓰나미처럼 덮쳤다.** 1997년 국제통화기금(IMF) 구제금융 사태를 겪었던 한국 시장은 당시의 악몽을 다시 떠올리며 공황 상태에 휩싸였다[서울=연합뉴스, 박진형 기자, 2013.9.6].

2007년 사상 처음으로 2,000선을 돌파하며 기세를 올린 코스피지수는 리먼 파산신청 당일 6.1% 폭락을 시작으로 연일 추락했다. 10월 24일에는 연초의 딱 절반인 938.75까지 떨어져 말 그대로 반토막이 났다.

결국 그해 코스피지수는 연초보다 39.3% 하락한 1,124.47로 한 해를 마쳤다. 코스닥지수는 같은 해 10월 27일에는 연초의 거의 3분의 1인 261.19까지 무너졌고, 연간 하락률 53.0%라는 참담한 기록을 남겼다.

원 · 달러 환율은 연초에 900원대를 유지하다가 8월 미국 월가의 불안이 커지면서 슬금슬금 1,000원대로 올랐다. 그러다가 리먼 파산신청 이후 걷잡을 수 없이 폭등, **한 때 1,508.00원까지 치솟으며 과거 환란의 트라우마를 되살아나게 했다.**

한국 시장이 얼마나 요동쳤는지 가장 압축해서 보여준 것은 국가부도 위험성의 지표인 국채 신용부도스와프(CDS) 가산 금리였다. 연초에 48.500bp(0.485%)이었던 국채 5년물 CDS 가산금리는 10월 들어 로켓처럼 솟구쳐 10월 27일에는 무려 674.875bp를 찍으면서 공포를 일으켰다.

그로부터 5**년이 지난 지금, 한국 금융시장은 다시 정상으로 돌아**

왔다. 코스피지수는 2009**년**~2010**년 꾸준히 반등**, 2010**년 하반기에** 1,900**선을 되찾았고 지난** 4**일 현재** 1,933.03**을 나타내고 있다**. 코스닥지수는 이보다 더 빨리 되살아나 2009년 상반기에 500선을 회복했고 4일 현재는 526.16이다.

원·달러 환율도 2009년 한때 1,570.65원(3월 2일)까지 뛰었다가 이후 점차 하락, 4일 현재 1,094.65원을 나타냈다. 국채 5년물 CDS 가산금리는 2009년 상반기까지 200bp 이상 고공비행을 계속하다가 이후 내려와 지난 4일 현재는 79.500bp로 안정을 되찾았다.

특히 최근 미국 연준의 양적완화 축소 전망으로 세계 신흥국 금융시장이 몸살을 앓는 상황에서도 한국 시장은 탄탄한 모습을 보였다.

연준의 양적완화 출구 전략이 가시화된 지난 6월부터 최근까지 원화의 가치는 2.97% 상승했다. 이에 따라 최근 신흥국 위기에서 한국이 위기를 잘 견디는 승자가 됐다고 평가했다.

주가, 국채 CDS 가산금리 등 다른 주요 지표들도 인도·인도네시아·브라질 등 취약한 다른 신흥국들이 급격히 악화하는 동안 한국은 비교적 큰 움직임 없이 안정을 유지했다.

또 미국의 유동성 축소 전망으로 선진국 자금이 신흥국에서 일제히 빠져나가는 와중에도 한국 증시의 외국인 투자자들은 7~8월 총 2조8천억원 어치를 순매수해 한국 시장에 대해 흔들리지 않았다.

이 같은 흐름은 경상흑자가 국내총생산(GDP)의 4.9%에 이르는 등 탄탄한 경제 기초여건(펀더멘털)을 갖춘 한국이 취약한 신흥국들과 차별화에 성공했기 때문이라고 본다.

그러나 한국은 안심할 수 없다. 무엇보다도 한국 금융시장에 대한 국외 변수의 영향력이 워낙 압도적이어서 우리가 통제할 수 없는 외부 상황에 따라 위기가 재발할 수 있기 때문이다.

특히 미국이 사상, 유례없는 양적완화 조치의 중단과 제조업 중심의 경제 회복에 나서면서 신흥국들의 어려움이 나타나면 한국금융도 불안을 배제할 수 없다. **중국 및 일본의 경기 불안정, 계속되는 유럽 경제위기 등이 있어 한국경제는 안심할 수 없다.**

한국은 외환위기와 세계 금융위기 등의 경험을 통해 외환관리 등에서 이미 많이 학습했다. 단기외채 관리, 거시건전성 조치 도입, 외화보유액 관리 등을 통해 위기 가능성을 이전보다 많이 줄었다. **그러나 인도, 인도네시아 등 아시아와 경제국가가 무너지면 국내 금융시장이 동요될 수밖에 없다.**

한국은 견고한 외환관리 체제를 유지하고 밖으로는 세계적 금융안전망 구축을 추진하며 위기에 철저히 대비해야 하는 이유가 여기에 있다.

3. 취약한 은행 경쟁력이 금융 불안 야기?

한국의 금융서비스 산업은 국제경쟁력이 매우 취약하다. 특히 은행의 국제경쟁력은 크게 뒤 떨어져 있다. 국내 은행의 자산 규모는 한국 경제 규모에 비해 큰 편이지만 수익성이나 해외사업 비중은 외국 은행에 비해 크게 뒤 떨어진다. 2013년 영국 뱅커(The Banker)지 선정 세계 100대 은행에 포함된 국내 대형 은행의 총자산 비중은 국내총생산(GDP) 대비 1.38배였다. 세계 100대 은행 평균(1.41배)과 비슷한 수준이다. 세계 100대 은행에 포함된 국내 은행은 KB · 산은 · 우리 · 신한 · 하나 · 농협 6곳이다.

이들 은행의 총자산 대비 해외자산 비중은 지난해 6월 말 기준 4.3%에 불과했다. 미국과 영국은 물론 중국, 일본, 싱가포르, 호주 등 아시아 국가에 비해서도 해외사업비중은 낮았다. 그만큼 국내 시장 의존도가 높다는 의미다. 국내 시장이 정체되면 성장성과 수익성 둔화는 불가피한 것이다.

영국 HSBC의 경우 해외 시장 영업이익 비중이 2010년 78% 수준이며, 영국 스코틀랜드왕립은행(RBS)은 약 40%를 해외에서 창출하고 있다. 프랑스 BNP파리바의 해외자산 비중은 53.5%(2009년 기준), 일본 미쓰비시UFJ는 전체 매출액의 31%를 해외에서 달성하고 있다. 중국 공상은행의 해외자산 규모는 전체의 6%(2013년 기준) 수준이다.

수익성도 낮았다. 6**개 국내 은행의 자산수익률**(ROA)**은** 0.68%로, 캐나다(1.08%), 싱가포르(1.32%), 미국(1.26%), 스웨덴(1.0%) 은행보다 낮았다. 예대 마진(이자 차익)도 국내 은행은 평균 2.27%로, 미국 상업은행 평균(3.0%)에 못 미쳤다. **이자수익 편중도는 높았다. 미국 상업은행들은 비**(非)**이자수익 비중이** 34%**인 반면, 우리나라** 6**개 은행은** 21.3%**에 불과했다.**

국내 대형은행들은 조달 · 운용 수익, 수익원 다변화 측면에서 해외 은행들에 비해 경쟁력이 뒤쳐진다. 경쟁력이 취약하다보니 수익 창출력이 낮고 국내 시장 의존도가 지나치게 높아서 금융의 핵심 역량인 리스크 평가능력이 취약할 수밖에 없다. 이와 같이 한국 금융기관의 허약한 국제경쟁력은 크고 작은 내외쇼크에 늘 민감하게 영향을 받을 수밖에 없다.

4. 금융시장 및 금융중개기관의 역할과 기능

- 금융시장의 기능과 역할

금융시장의 기능은 첫째, 금융시장은 수많은 경제주체들로부터 소규모의 자금을 모아 장기 안정적인 산업자금으로 전환시켜 주는 역할을 한다. 금융시장은 광범위한 투자자들로부터 거액의 자기자금을 조달하여 기업자본의 대규모화를 실현시키는 산업자본 동원의 기능을 수행한다. 둘째, 금융시장은 유가증권을 신규로 공급함으로써 흑자 경제주체들이 여유자금을 투자할 수 있는 투자대상으로서 금융자산을 제공하는 역할을 한다. 투자대상인 유가증권은 이자 또는 배당 등의 형태로 기업 등 발행주체의 소득재분배를 촉진하는 역할을 수행한다. 셋째, 발행시장은 국가의 공채발행과 공개시장조작 수행을 가능하게 하여 금융조절, 경기조절을 수행하는 역할을 하고 있다.

- 금융중개기관의 역할과 기능

금융 중개기관은 국민경제에서 중요한 위치를 차지하고 중대한 역할을 수행한다. **금융기관은 자금을 적재적소에 배분하는 역할을 통해 최적자원배분기능을 수행한다**. 금융기관은 수없이 많은 금융상품을 거래되는 금융시장에서 국민경제적인 역할과 기능을 수행한다.[2] 금융 중개기관은 자금공급자와 자금수요자 간의 자금거래를 연결시켜주는 자금중개 기능을 수행한다. 금융기관은 자금을 빌리는 최종 차입자와 자금을 제공하는 최종 대부자 간 자금 매개적인 역할을 수행한다. 최종 차입자는 자신의 소득보다 많이 지출하는 적자지출단위를 말한다. 최종 대부자는 자신의 소득보다 적은 지출로 잉여자금을 가진 단위를 의미한다. 대부자는 여유자금의 일부 또는 전부를 빌려주는 흑자지출단위이다.

금융기관은 자금중개기능과 역할에서 딜러와 브로커 기능을 수행한다. 금융기관은 적자단위에게서 본원적 증권을 매입하여 단순히 되파는 단순 기능을 수행하는 브로커 기능뿐만 아니라 자신의 부채인 새로운 증권을 창출하여 흑자단위에게 발행하는 기능을 동시에 수행한다. 딜러 및 브로커 기능을 겸하는 금융기관은 금융거래의 직접적인 상대방이 되어 즉각적으로 거래를 성립시키는 역할 이상의 기능을 수행한다.

---

2) 한국의 금융시장과 금융기관은 애시 당초부터 자금을 적재적소에 배분하는 최적자원배분기능을 기대하기 어려웠다. 관치금융의 절대적 지배 때문이다.

국민경제의 자금순환 과정에서 적자지출단위는 대부분 기업들이고 흑자지출단위는 대부분 가계들로 간주하지만 현실에서는 단위들이 서로 중첩되거나 복잡한 관계를 갖고 있다.

자금수요자와 공급자를 서로 연결고리 역할을 담당하는 단순한 매개적 기능을 수행할 뿐만 아니라 금융 중개활동도 직접 수행하는 **금융기관의 존재 근거는 거래비용과 정보비용이 드는 시장의 불완전성에서 찾는다. 기업과 가계가 직접 거래 상대방을 찾는 어려움을 해소시켜주고 소요 시간을 줄여주며 거래 비용을 감소시켜주는 역할을 통해 차입자와 대부자의 필요한 욕구를 동시에 만족 시켜주는 것이다.**

금융기관은 흑자단위와 적자단위 즉 경제주체들에게 거래 상대방을 찾는 **수색비용을 줄여줘 거래비용을 감소시키고** 자금 공급자와 수요자들은 금융기관을 통해 금융자산을 거래함으로서 **규모의 경제를 달성**할 수 있다. 하지만 현실 금융시장에서는 여러 가지 원인으로 불완전성과 불투명성이 존재하므로 거래비용이 따르지만 일반 경제주체의 **개별적인 정보 획득 비용보다 금융기관의 정보 획득 비용이 훨씬 적다**. 이와 같이 금융기관은 금융기관의 전문적인 매개기능을 통해 **금융시장의 효율성을 높이고 금융 거래량을 증가**시키는 역할을 수행한다.

다양한 금융기관 중에서 가장 중요한 위치에 있는 대표적인 금융기관인 은행은 수많은 경제주체들로부터 예금과 결재기능을 갖춘 CMA상품 등을 받아 이를 기초로 경제 각 부문에 필요한 돈을 원활히 공급하는 한편 경제활동 과정에서 일어나는 決濟機能을 수행하는 등 다양한 국민경제적인 기능과 역할을 수행한다. 은행은 예금으로 조달한 자금으로 수많은 경제주체에게 대출해주고 여기서 나오는 예대마진으로 수익을 내는 금융 중개기관이다. 은행기관의 관점에서 볼 때 예금은 부채이고 대출은 자산이다. **은행은 자금 중개의 속성상 부채인 예금이 자기자본보다 월등히 많다**. 이러한 부채비율이 높아지면 그 만큼 더 많이 유통시킬 수 있기 때문이다. 그러나 부채비율이 높아지면 금융기관의 건전성을 악화시킬 수 있다. **은행의 자금중개기능은 이와 같이 양면성을 갖고 있기 때문에 은행경영의 공공성을 고려하여 금융감독이 뒤 따르고 있다**.

금융기관은 이 같은 효율성과 건전성의 이율배반적인 성격 때문에 양자 사이에 적절한 균형을 찾아야 한다. 이를 위해 국내 감독당국과 국제 감시기관 역할을 하는 국제결제은행(BIS)은 각국 금융기관의 자기자본비율 규제를 통해 자산운용의 건전성을 담보하도록 요구 한다. 금융 중개기관의 건전성 확보는 금융기관의 공공성을 지키고 수많은 예금자의 자산손실을 막으며 금융시스템 붕괴를 사전에 예방한다. 자산 건전성은 BIS 자기자본비율을 통해 지켜지고 있다. 자산 건전성을 담보 하는 기준인 은행 BIS 자기자본비율은 자기자본을 위험가중자산으로 나눈 수치이다. 은행 BIS 자기자본비율이 일정 수준 이하로 떨어지면 규제 조치가 발동된다.

각국은 은행의 재무제표 분석을 통한 경영상태 평가와 금융기관 검사 등을 통하여 경영상의 문제점과 위험 요인 등을 파악하여 문제의 소지가 있는 금융기관을 조기에 발견하고 금융기관이 부실하게 되는 것을 사전에 방지하고자 한다. **특히 국제화와 개방화, 겸업화가 국제적인 대세를 이르면서 금융 산업의 환경이 급격히 변화하고 파생금융상품 등 고위험 금융상품이 많이 늘어나면서 금융기관의 위험 관리의 중요성이 커지면서 경영관련 위험에 대한 평가의 중요성이 더욱 강조되고 있다.**

은행경영이 부실하여 도산 사태가 발생한 경우 수많은 수신 상품을 산 고객들이 막대한 손해를 보면 전체 금융기관으로 번지면서 금융시장과 경제 전체에 큰 혼란이 가져오고 경제 붕괴를 초래할 수 있다. 대규모 뱅크 런이니 대량의 펀드 런이 경제전반으로 확산되는 경우가 대표적인 금융 불안 폭발과 금융시스템 붕괴 사례이다. 이와 같이 은행기관의 공공성이 막중할 뿐만 아니라 금융정책의 많은 부분이 은행을 통하여 이루어지기 때문에 각국은 은행이 건전하게 발전하고 금융시장이 안정을 유지할 수 있도록 일반산업과 다른 제도적인 장치와 감독 규제를 시행하고 있으며 각별히 노력을 기울이고 있다.

– 금융의 두 얼굴: 불안과 안정, 효율과 비효율

금융세계는 국내외로 신속히 이동하는 금융 속성 상 불안과 안정의 양면성을 가진 야누스 얼굴이다. 금융시장과 금융 중개기관은 국민경제의 생산성과 효율성을 높이는 역할을 수행하지만 제 역할을 하지 못하면 금융 불안과 불안정을 유발해 국민경제에 심대한 악영향을 미친다.

금융 비리는 금융 효율성을 떨어뜨리고 경제를 끊임없이 교란하거나 마비시키기도 한다. 금융 불안과 위기는 시장 불안과 금융기관 불안, 금융시스템 불안에서 발생한다. 금융 불안정은 금융 효율성을 떨어뜨린다. 시장 불안, 금융시스템 불안과 불안정이 금융 효율성을 급락시키는 말할 것도 없고 금융 위기로 이어질 경우에는 금융 붕괴를 초래한다.

금융의 세계는 복잡하고 순식간에 거대한 규모로 움직인다. 금융 세계에서는 국적도 모르고 소유자도 알 수 없는 엄청난 뭉치 돈이 국경을 넘나든다. 세계 각국에 있는 돈은 세계 각처에 흩어져 있는 계좌를 넘나들면서 거침없는 머니게임 money game이 벌어진다. 정보통신기술의 발달로 머니게임은 순식간에 전 세계를 돌며 움직인다.

세계의 금융자금은 뉴욕 월스트리트 - 런던 금융 중심지 롬바르

드가 - 네덜란드 암스테르담 - 아랍에미리트 두바이의 은행 - 싱가포르 - 홍콩 - 일본 도쿄 - 한국 서울 등을 넘나들며 하루에도 수십 번씩 넘나든다. 이와 같이 **분초를 다투고 신속하게 움직이는 금융 세계의 속성에 따라 한 번 금융 불안이 발생하면 겁 잡을 수 없이 경제 전반으로 확산될 수 있다.**

이와 같이 전 세계를 떠돌며 투자처를 찾고 있는 금융자산이 최소 100조 달러를 넘을 것으로 추정한다. **세계 유동성 현금은 약 352조 달러에 이른 것으로 보며 이 가운데 금융기관이 보유한 자산은 140조 달러에 달한 것으로 추정한다.**

100조 달러의 금융자금이 고수익을 노리고 전 세계를 돌며 세계 각처의 금융시장을 돌아다닌다. 미국의 금융기관과 연금 헤지펀드 등의 기관들은 지난 10년간 경제성장의 중심인 아시아와 떠오르는 동유럽, 오일 돈이 넘치는 중동 등의 시장을 포식한다.

금융 산업은 높은 부가가치를 생산한다. 금융 산업은 전체 산업을 이끄는 선도 역할을 하며 원활한 자원 배분 역할을 수행 한다. 발달된 금융 산업은 위기를 중화시키는 안전핀 역할 수행한다. 선진화된 금융은 저 출산 고령화에 대비할 수 있다. 금융 산업의 발달은 국민 개개인의 삶의 질을 높일 수 있다.

금융 안정은 실물경제의 성장과 발전을 돕는다. 빈번한 금융 불안은 국민경제를 불안과 위기로 몰아갈 수 있다. 이런 이유 때문에 금융 불안의 원천을 사전에 차단하는 중요하다. 금융 불안의 원천은 시장 리스크다. 시장 리스크를 줄이는 방안으로는 시장 규모와 시장유동성의 확대, 통화정책의 투명성과 안정성, 거시경제 펀더멘털(기초체력), 금융체질, 역내 금융협력의 활성화 등이 중요한 요소들이다.

미국 영국 독일 등의 금융 산업은 GDP에서 30% 이상 부가가치를 창출한다. 한국의 금융 산업의 GDP 기여도는 1977년 20%대에 진입한 후 10여 년 동안 제자리걸음이다. 한국은 지난 70년의 고도성장 기간 동안 제조업은 크게 발전했지만 금융 산업은 국제적인 차원에서 볼 때 여전히 허약한 체질과 영세한 규모를 면치 못하고 있다. 한국 서울의 금융 경쟁력은 세계 금융센터 순위에서 세계 46개 주요 도시 중 43위였다. 런던, 뉴욕과 경쟁관계에 있는 홍콩, 싱가포르, 시드니 등은 모두 10대 순위에 든다.

경제 역사를 보면 금융 불안에서 이어지는 금융위기와 신용붕괴는 경제활동의 극심한 침체와 함께 발생하였다. 1930년대 대공황이 가장 좋은 예이다. **최근의 금융위기는 대공황 때와 심각성 정도와 폭이 다르지만 경기 후퇴와 함께 금융위기와 신용붕괴가 빈발하고 있는 점이다. 특히 1990년대 이후 자본 및 외환시장의 자유화와 통**

합화가 가속화되면서 아시아와 남아메리카 및 유럽에서도 금융위기가 빈발하는 양상이다.[3)]

3) 한국의 경제 관료들은 난폭한 관치금융을 휘두르고 있다. 한국 금융은 난폭한 관치금융으로 만신창이가 됐다. 한국 금융세계는 과거와 마찬가지로 새 정부가 들어설 때마다 관치금융 논란이 중심에 서 있다. 옛 재무부 관료 출신인 모피아가 금융권을 장악하고 있다는 목소리가 수십 년 째 반복되고 있다. 만성화된 한국의 고질병이요 악순환과정의 연속이다. 금융위원회 산하 공공기관 9곳과 금융 관련 협회 7곳, 금융지주 10곳 등 총 26곳의 최고경영자(CEO) 가운데 모피아 출신이 무려 절반인 13명에 달한다[서울=연합뉴스, 안승섭 기자, 2013.7.18].

5. 한국의 금융 후진성이 불안 유발

금융은 산업의 혈맥이다. 하지만 한국 금융시장의 현주소는 70**년 내내 우물 안 개구리신세다.** 금융권 스스로 현실에 안주하다가 글로벌 시장에는 명함도 내밀지 못하고 있다[파이낸셜뉴스, 2014.3.18].

은행은 정부나 공공기관의 쌈짓돈을 대는 사금고처럼 움직인다. 정부나 공공기관은 찬조금과 분담금 명목으로 툭하면 손을 내민다. 이것도 빙산의 일각이다. 해외 주재원들은 정부 관계자나 정치권 인사들의 현지 가이드나 다름없다. 이것이 그림자 규제나 다름없다. 대통령의 끝장토론 지시와 현장 감시 독촉은 부메랑으로 돌아와 직원들만 죽어난다.

국내 은행산업은 외환위기 이후 보험, 증권 등 다른 금융영역에 비해 상당한 구조조정을 거쳤다. 수익성도 한때는 눈에 띄게 개선됐다. 그런데도 현재 은행산업은 규제 사슬에 묶여 간신히 목숨을 유지하고 있다.

너도나도 규제를 피해 베끼기 경쟁에 나서면서 차별화된 상품은 찾기도 힘들다. 시장에서는 겉으로 드러난 올가미보다 그림자 규제가 가장 큰 문제다.

겉으로는 규제를 푼다지만 그림자 규제는 더 단단해지고 있다. 정부가 '숨은 규제'를 찾아내 없애겠다고 하면서 금융권 반응은 불신이다. 정권과 금융당국 수장이 바뀔 때마다 규제 완화와 규제의 부활을 반복해온 '오락가락 정책'에 시장의 신뢰가 무너졌다.

금융권은 정권이 바뀔 때마다 겉으로는 영업하기 좋은 환경을 만들겠다고 하지만 현장에서 느끼는 체감온도는 오히려 더 차갑다. 일관성 없는 금융당국의 정책이 가장 큰 규제에 있다. **은행업계는 그림자 규제를 가장 큰 걸림돌로 보고 있다. 마땅한 근거도 없이 은행들의 자율을 막고 간섭하는 창구지도가 대표적인 예다. 시장 기능에 정면으로 배치되는 것도 문제지만 창조금융의 가장 큰 적이다.**

낙하산 인사의 경연장으로 불리는 금융권 수장 자리도 그림자 규제에서 자유롭지 못하다. 금융지주 회장이나 최고경영자(CEO) 인선 때마다 '낙하산 설'도 입방아에 오르내린다. 특히 은행연합회 등 금융단체의 수장 자리는 정부의 입김이 세다.

이 같은 그림자 규제에 은행권은 제 목소리를 내지 못하고 있다. 자율권과 시장기능을 잃은 금리나 수수료 조정 문제가 대표적이다. 미국이나 유럽 등에서는 창구업무나 현금자동입출금기(ATM) 사용 시 소비자로부터 수수료를 빠짐없이 받는다. 심지어 계좌 잔액이 적으면 너무 적다고 계좌 유지 수수료까지 받는다.

또 **금융지주회사 소속 은행들은 정치권과 금융당국의 압력에 '울며 겨자 먹기' 식으로 부실기업 구조조정에 참여하는 일이 빈번하다. 문제가 돼도 책임지는 사람은 없고, 주주만 피해를 본다.**

지금도 금융당국은 앞에선 규제 철폐의 목소리를 내면서도 뒤에서는 새로운 빗장을 걸고 있다. 개인정보 유출 사태로 불거진 금융지주그룹 내 계열사 간 정보공유 제한 문제가 단적인 사례다.

은행의 대표적 먹거리인 상품 개발에 대한 간섭도 도를 넘어섰다. 영업이나 상품개발 등을 선별적으로 허용하는 포지티브 방식은 창조금융의 가장 큰 걸림돌이다.

현실과 동떨어진 규제도 있다. 은행 임직원은 1인당 3만 원이상의 물품이나 식사를 업무상 관계자에게 제공하려면 해당 내용을 기록하는 것도 문제다. 3년마다 보직을 바꿔야 하는 순환보직도 문제다.

금융당국이 계속해 빗장을 걸어 잠근 데는 생각이 과거 관치시대에 머물러 있다. 1980~1990**년대에나 먹히던 관치를 통해 금융 문제를 해결하려고 든다**. 시장의 목소리는 뒷전인 채 일처리가 꼬이는 상황이다.

금융권은 금융지주의 지배구조 문제, 정책금융공사와 산업은행 통합, 우리금융 민영화, 외환카드 분사, SC, 시티 은행의 토착 금융화 실패 등 풍랑에 휘말리고 있다. 당국의 금융 산업에 대한 전반적인 철학과 인식이 부족하다.

시장에서는 원칙을 바로 세우는 일이 가장 급선무다. 조직 관리의 최우선인 인사에서부터 금융권 민영화, 은행 수익성 관리 같은 전반적인 은행산업의 틀이 흔들리고 있다. 은행에 정치권이 개입하고 당국의 정책이 오락가락한다. 신뢰가 생명인 금융업이 안으로부터 주저앉고 있다.

은행 내부에도 문제점이 적잖다. 은행들이 거둔 수익의 80%가량이 이자수입에서 나온 것이어서 소비자를 대상으로 손쉬운 장사에 치중했다.

특히 신용도가 낮은 중소기업 대출을 회피한 채 지나치게 안전위주의 자산운용에 치중하고 있다는 지적이다. **은행 내부의 자율적인 규제 혁신과 창조적인 금융문화가 없다**[파이낸셜뉴스, 2014..3.18].

6. 금융중개기관의 가계부채 1천조원

- 가계부채는 한국의 금융 불안 요인

1000조원을 돌파한 것으로 추정되는 가계부채에 더딘 경기회복까지 맞물리면서 지난해 신규 금융채무불이행자(옛 신용불량자)가 4년 만에 10만 명대에 육박했다.

특히 지난 2002년 이후 금융채무불이행자로 전락했다가 신용을 회복하지 못한 이들이 줄잡아 94만여 명에 달한 것으로 추정됐다. 2013년 연체기간 3개월 이상 채무조정제도인 개인워크아웃과 사전채무조정제도인 프리워크아웃 신청자는 각 7만7481명, 1만9658명으로 총 9만7139명을 기록했다.

이는 전년대비 7013명, 7.8% 증가한 것으로 2009년의 10만1714명 이후 최대 규모이다. 이에 따라 2002년 10월 이후 신용회복지원 총

신청자는 누계로 123만7638명으로 늘어났다. 이 가운데 정부가 대외 공표를 하지 않고 있는 채무 완제자(신용불량 졸업자)는 약 30만 명선으로 본다.

대부분 채무완제기간이 8~10년의 장기이고, 20년에 달하는 만기 상환자도 존재하는 등 아직도 변제 중인 이들이 많다. 약 94만 명가량이 과거 명칭으로 신불자인 셈이다[문화일보, 2014.2.3.].

– 과다한 가계부채는 한국경제의 시한폭탄

한국은 해마다 가계부채 문제에 허덕인다. 1천조 원에 육박하는 가계부채가 가장 큰 불안 요인이다. 불경기 상황에서 과다한 가계부채는 소비를 위축시키고 경기 회복의 발목을 잡으며 저성장을 낳는 장애물이다.

특히 정부가 최근 취득세 인하와 함께 장기 · 고정금리형 주택담보대출 확대, 수익 · 손익공유형 주택담보대출 도입 등을 내용으로 하는 8 · 28 전월세 대책을 내놓자 가계부채 증가에 가속도가 붙었다.

정부 대책은 전세 수요를 매매로 돌리기 위한 대출 활성화에 초점이 맞춰져 있기 때문이다. 지난 2003년 경기 회복을 위해 카드 발급을 남발했다가 '카드사태'를 맞은 것처럼 이번의 대책도 위험한 결과를 낳을 수 있다고 본다[서울=연합뉴스, 김승욱 기자, 2013.9.6.].

- 가계부채는 양도 질도 심각하다.

2008년 글로벌 금융위기 이후 과다 채무자의 부채액 비중이 커졌고, 특히 저소득, 하위 신용등급 채무자 비중과 비은행권 가계대출이 크게 증가하는 등 가계부채의 질이 악화됐다.

가처분소득 대비 이자지급, 연체율, 금융자산 대비 금융부채, 가계 실물자산 등 기준에서 보면 가계부채의 위험성은 리먼 사태가 불거진 2008년과 별 차이 없는 상황이다.

국내 가처분소득 대비 가계부채 비율은 2008년 이후 미국, 일본, 영국 등 주요 선진국이 하락 추세로 돌아선 것과 달리 지속적으로 상승, 올해 1분기 말 136.3%를 기록했다.

- 저소득·고령층의 소득 대비 부채 비율이 너무 높다.

2013년 3월말 현재 **소득 대비 부채비율은 소득 수준이 가장 낮은 1분위가** 184%로 **2분위**(122%), **3분위**(130%), **4분위**(157%)**보다 높**

다. 연령별로는 20**대의 소득 대비 부채비율이** 88%**인데 비해** 30대는 152%, 40대는 178%, 50대는 207%, 60**대 이상은** 253%**로 나이가 많을수록 높아졌다**.

여러 금융기관에 빚을 진 다중채무자가 322**만명**으로 추산되는 점, 주택시장의 부진으로 주택담보대출 상환능력이 하락한 **하우스푸어(내집빈곤층)가** 9**만**8**천명(금융연구원 추산)**에 달한다. 과다한 가계부채와 급격한 증가속도는 금융 불안 요소다. 상환능력이 상대적으로 양호한 소득 4~5분위의 고소득 차주가 전체 가계부채의 71.0%를 갖고 금융권 담보인정비율(LTV)도 50% 수준이어서 집값이 더 내려가더라도 금융회사 건전성에 미치는 영향은 크지 않을 것으로 진단한다.

- 깡통주택 전락하는 가계대출이 1265**억원**

서울과 수도권에만 깡통주택으로 전락할 수 있는 가계대출 규모가 1265억원에 달했다.[4] 2012년 말 시중은행의 서울과 수도권 주택담보대출 가운데 두 기준을 동시에 적용받는 대출 잔액은 51조6626

---

4) 담보가치 대비 대출한도를 의미하는 LTV가 100%를 넘으면 집값이 대출 원금보다 떨어져 담보로 잡힌 집을 팔아도 빚을 전부 갚지 못한다. 연소득 대비 대출상환 원리금의 비율인 DTI 기준도 100%를 초과하면 연소득 전부를 상환해도 빚을 못 갚는다. 이 구간의 채무자는 소득능력이 부족하고, 담보를 처분해도 대출 원금은 물론 이자도 상환할 수 없을 정도로 부실하다.

억원에 달했다. 이 가운데 깡통주택으로 전락할 위험이 큰 LTV 100% 기준을 초과하는 대출 잔액은 990억원, DTI 100% 기준을 초과하는 대출 잔액은 275억원으로 모두 1265억원으로 집계됐다[서울=뉴시스, 이국현 기자, 2013.10.18].

현재 금융당국은 LTV가 60%를 초과하면 부실 위험이 있다고 보고 있지만 금융기관의 건전성 기준에 불과하고 채무자의 가계 부실을 고려하지 않고 있다고 본다.

실제 금융당국이 안전하다고 판단하는 LTV가 60%를 밑도는 대출 가운데 연 소득을 절반 넘게 대출로 상환하는 DTI 50% 기준을 초과하는 대출 잔액은 7조1233억원으로 집계됐다. 사실상 소득의 절반만 가지고 생활하기 어려운 만큼 부실화될 가능성이 높다는 것이다. 특히 가계대출이 부실화될 위험이 있는 LTV 기준 60%를 초과하고, DTI 50%를 초과하는 대출 잔액은 3조9091억원으로 집계됐다. LTV와 DTI의 규제를 받는 주택담보대출잔액(51조6626억원)의 7.5%(3조9091억원)가 금리 상황에 따라 언제든지 위험할 수 있는 대출금인 셈이다.

LTV가 60%를 넘는 대출은 집을 공매나 경매에 넘겨도 빚을 다 갚지 못하는 '깡통주택'으로 전락할 가능성을 배제할 수 없다. 최근 대출담보인 주택을 경매나 공매에 내놓으면 감정가격의 70% 정도에 낙찰되는 것을 감안하면 집값 하락에 따른 손실이 불가피하다. 고위험군 대출 채무자는 경기나 금리에 따라 원금 상환 압력이 가중될 경우 연소득을 상환해도 잔여부채가 많아 생활할 수 없다. 서울과 수도권뿐만 아니라 전국에 대해서도 LTV와 DTI를 교차시켜 주택담보대출 잔액을 명확하게 파악해야 할 필요가 있다[서울=뉴시스 이국현 기자, 2013.10.18.].

- 가계부채는 해마다 미해결 숙제로 이월

우리나라 가계부채 위험 수준이 불황이 장기화되면서 글로벌 금융위기 당시 수준까지 높아졌다. 이는 금융위기 때의 위험수준에 근접했고 2002년 카드사태 당시 위험도보다 두 배나 높다.[5]

우리나라 가계부채 위험은 2002년 카드사태 당시 주택담보대출이 본격적으로 늘어나기 시작한 2006년 급등했다. 금융위기 때는 연체율 급증과 부채 · 이자지급 증가로 최고치를 찍었다. 이후 2011년 정부의 가계부채종합대책의 영향으로 증가세가 둔화됐지만 부동산시장 경기 침체, 비(非)은행 대출 비중 등의 이유로 가계부채 위험은 오히려 올랐다.

---

5) 이 같은 진단은 가계부채를 압박부담과 상환능력으로 나누고 ▲가처분 소득 대비 이자지급 ▲가계대출 연체율 ▲가처분 소득 대비 가계부채 등 각종 변수를 표준화해 가중 평균한 결과다. 기준치인 100을 넘으면 가계부채 위험이 커진 것으로 판단한다.

저금리 기조에 따라 가처분 소득 대비 이자지급 비중은 안정되고 있지만 비은행 가계대출 비중과 연체율이 급증하면서 이자부담이 커지고 있는 것이 최근 가계부채의 특징이다.

상환능력은 금융위기 이후 경기가 회복되면서 개선되는 모습을 보이다가 올해 들어 불황이 장기화되면서 위험수위가 올랐다. 경기 침체에 주택시장까지 위축되면서 원금상환은커녕 연체율이 오르고 있는 것이다. 급등하는 전세가격을 안정시켜 서민들의 추가 전세자금 부담을 축소해야 하지만 현실은 헛돌고 있다. 목돈이 안 드는 전세제도를 통해 악성 가계부채의 상환을 유도하고 역모기지 활성화 방안을 마련할 필요가 있다고 하지만 이 역시 묵 정책대안으로 성공할 수 있을지는 미지수이다[아시아경제 김혜민 기자, 2013.8.22/현대경제연구원]. **한국 가계부채 위험은 해가 바뀌고 정권이 바뀌어도 미해결의 숙제로 연장되고 있을 뿐이다.**

7. 한국은행의 정책 목표: 물가안정, 금융안정, 경제안정, 경제성장

- 금융정책 우선순위 논란

한국은행의 역할에 대해 논란이 많다. 한국은행법 제1조 1항이 명시하고 있는 한국은행의 정책 목표는 물가안정에 2011년 금융안정이 추가됐다.

하지만 최근 상황은 많이 달라졌다. **우리 경제의 큰 틀이 고성장·고물가에서 저성장·저물가 구조로 바뀌는 중이고, 저물가 및 경기부진 상황이 장기간 이어지고 있다. 소비자물가 상승률은** 2012**년** 11**월 이후 벌써** 16**개월째** 1%**대에 머물고 있다**. 반면 체감경기는 좀처럼 회복되지 않고 있다[한국일보, 2013.3.12].

이런 상황에서 한국은행이 지나치게 물가안정에만 집착하는 행태에 곱지 않은 시선을 보낸다. 이들은 한은이 경제 활성화에 적극 나설 것을 주문한다. 경제 활성화를 정책의 최우선순위에 두고 물가 안정은 차 순위이다. 정부도 물가를 잡고 경제를 안정시키는 것보다 성장을 통한 일자리 창출이 더 중요하다고 언급한다.

중앙은행이 경제 활성화를 기치로 내건다면 우리 경제가 브레이크 기능을 잃어버리게 된다는 반론도 비등하다. 지금 상황에서 경제 활성화 운운하는 것은 좋지만 현재의 2.5% 기준금리가 경제 회복을 억누를 만큼 높은 수준이 아니라는 점이다. **한국은행이 물가를 책임진다고 해서 물가를 잡을 수 있는 입장에 있는 것도 아닌 것이 각종 상품과 서비스 가격을 통제하는 정부시스템인데 통화 정책마져 정책 일순위에서 빼라는 것은 문제가 있다.**

그렇다 해도 디플레이션 우려까지 나오는 상황에서 한은이 물가 안정만을 외쳐서는 운신의 폭이 매우 좁다. 지금은 통화정책을 펴기가 상당히 힘든 상황이다. 그래서 한은이 인플레이션 파이터이지만 디플레이션 치유자 역할을 부정할 수 없다. 금융 불안정을 초래하는 것 없이 물가 하락을 방어하는 역할에 대해 고민하는 것이 필요하다.

물가 안정이냐 경제 활성화냐, 혹은 물가 안정이냐 금융 안정이냐 식의 이분법적 논란에서 벗어나는 것이다. **지금까지 금융정책은**

금융 안정이나 경제 안정을 무시하고 물가 안정에만 매달려온 적은 없었다. 통화가치 안정을 위해 물가 안정을 이루면 경제도 금융시스템도 안정이 되고 궁극적으로는 경제 활성화도 되는 것이다.

– 한국은행의 낮은 투명성과 독립성

한국은행의 투명성은 전 세계 중앙은행 순위에서 21번째다. 한은의 독립성은 65위로 국가 경제력 규모에 비해 크게 뒤진다. 한국은행의 투명성은 지난 2010년 기준 세계 120개 중앙은행 가운데 21위 수준으로 평가됐다.[6] 한국은 남아프리카공화국, 브라질, 칠레, 아르메니아와 같은 수준으로 평가된 것이다.

스웨덴은 1위, 뉴질랜드 2위, 헝가리 3위를 차지했다. 체코, 영국, 이스라엘, 유로존, 미국, 캐나다, 호주, 일본, 아이슬란드, 스위스 등이 그 뒤를 이었다. 터키, 필리핀, 노르웨이, 인도네시아, 태국, 라트비아, 폴란드 등도 한국은행보다 평가가 높았다[서울=연합뉴스, 경수현 기자, 2013.9.9].

중앙은행의 독립성 평가 지수(CBIW 기준)에서 89개 중앙은행 중 한국은 65위 하위권에 그쳤다.[7]

---

6) 투명성 평가는 계량모형, 회의록 공개, 통화 목표 달성에 대한 정례 평가 등 15개 항목에 점수를 매겨 지수화하는 방식으로 이뤄졌다.

1위는 키르기스스탄, 2위는 라트비아, 3위는 유로존이었고 인도가 89위로 최하위였다. 투명성은 높지만 독립성은 하위권인 국가는 호주(83위), 미국(82위), 영국(79위), 뉴질랜드(72위), 필리핀(68위), 일본(62위) 등이 있다. 이 가운데 미국 연방준비제도((Fed · 연준)는 공공부문 대출에 대한 성문법적인 규제가 없는 점이 낮게 평가됐다 [한국은행 용역; 배리 아이켄그린 미국 UC버클리대 경제학 교수; 중앙은행 투명성과 독립성]. 이처럼 한국은행의 투명성과 독립성은 낮은 편으로 나타나 기관 신뢰성에 의문을 던지고 있다.

– 금융정책의 불확실한 파급경로와 금융 불안

중앙은행의 금융정책은 최종적으로 실물경제활동에 영향을 미처 성장과 고용을 촉진시키고자 시행한다. 그러나 금융정책이 경제에 미치는 경로는 다양한 파급과정을 밟는다.

통화정책의 파급 효과는 다양한 경로를 통해 전달되므로 매우 복잡하다. 통화 금융정책의 파급경로는 불확실성이 높은 경제일수록 정책의 파급 효과를 예측하기 어렵기 때문에 기대 효과를 측정하기도 어렵다.

---

7) 독립성 평가지수는 총재 및 금통위원 임명과 해임 절차, 통화·환율 정책에 대한 정부의 개입 정도, 공공 부문 대출 제한의 엄격성 등을 항목별로 가중치를 달리해 평가했다.

통화정책의 파급경로는 자금조달의 가용성(availability)에 초점을 맞춘 신용경로와 금리 변동을 통해 실물경제에 파급되는 금리경로, 부의 효과를 통해 실물경제에 미치는 자산 가격 경로, 대내외 통화가치의 상대적인 변화를 통해 실물변수에 영향을 미치는 환율경로, 시장기대와 신뢰를 통한 통화정책의 파급경로 등이 있다.

① 금리 경로

금리경로는 금리변화의 의해 유발된 사용자 비용과 차입조건의 변화를 통해 가계의 소비지출과 기업의 투자지출을 변동시키는 경로이다. 본원통화(base money)를 확대공급하거나 공개시장조작금리를 낮추면 단기금리(콜금리) 하락으로 재정거래(arbitrage)를 통해 장기금리를 낮춘다. 금융기관들은 저렴한 단기자금을 차입하여 회사채나 국채 같은 장기채권에 투자하고, 이러한 수요증가는 채권가격의 상승 즉 금리 하락을 가져온다.

시중은행은 대출과 채권투자 운용에서 채권금리가 낮아지면 운용수익률을 높이기 위해 대출을 늘리는 과정에서 대출 금리가 떨어진다. 하락한 대출 금리와 연계된 회사채 금리가 하락하면 기업은 싸진 자금조달 비용으로 자금 조달을 통해 투자를 확대하면서 경제성장을 촉진하고 물가가 올라가게 된다. 이와 같이 금리 조절을 통한 파급경로는 단기금융시장(단기금리인하) → 장기금융시장 및 은행대출시장(장기금리하락) → 기업투자 → 경제성장 및 물가로 파급되어 가는 경로이다.

전통적인 금리경로(interest rate channel)는 통화량 변동(통화정책의 변화) → 금리 등락 변화 → 소비 및 투자 변화 실물경제 변화로 이어지는 경로이다. 예를 들면 명목금리 상승 → (가격 경직성 가정 하에서) 실질금리 상승 즉 자본의 사용자 비용 증대 → 소비 및 투자지출의 감소 → 총수요의 감소 → 소득과 고용 등 실물경제의 변화에 영향을 미친다. 금리경로는 일차적으로 현재소비와 미래소비의 배분을 초래하면서 자본 및 미래소비의 상대가격에 영향을 미치고 동시에 재화의 상대가격에 영향을 미친다. 이러한 파급경로는 금융 시장의 마찰이 존재하지 않는 경제에서 가능한 경로를 밟아가며 파급될 수 있다.[8)]

정책금리(기준금리)의 변경은 자본의 사용자비용(각종 중장기 시장금리)을 변화시켜 고정투자에 영향을 미친다. 당국이 단기금리를 인상하면 투자 프로젝트의 요구수익률이 상승하고 동시에 보유재고의 사용자 비용의 상승을 가져오므로 기업은 투자를 축소하게 된다.

이와 같이 금리경로는 단기명목금리 변동 → 장단기 실질금리의 변동 → 소득 및 고용 변화로 이어진다. **금리경로는 실물변수 변화**

---

8) 예를 들면 이중시장구조, 시장간 단절, 시장가격왜곡구조화 존재 등을 들 수 있다.

및 인플레이션 변화로 파급되는 통로이기 때문에 금리경로의 수량적 중요성은 중앙은행이 단기실질금리를 통제할 수 있는 범위와 단기금리가 실질변수에 영향을 미칠 수 있는 정도에 따라 정책 효과가 나타나게 된다.

단기실질금리에 대한 중앙은행의 통제는 인플레이션 반응 속도가 중요한 역할을 한다. 단기명목금리의 변동 시 인플레이션이 느린 속도로 미미하게 상승하거나 반응하지 않으면 실질금리는 반응하지 않는다. 이러한 느린 반응은 임금 또는 가격 경직성의 존재에서 발생한다.

금리경로에서는 예를 들면 통화긴축이 은행의 준비금을 감소시키고 이것이 예금 감소를 유발하는 과정에서 대체관계에 있는 본드와 대출은 금리에 의존하는 감소함수이기 때문에 시장수요공급의 새로운 균형에 도달할 때까지 금리 상승을 유발한다. 이러한 금리 상승은 자본비용의 상승에 의해 투자와 소비를 감소시킨다. 금리경로는 기업의 자금조달측면에 대해 주목하지 않는 점에서 신용경로와 다르다.

② 은행대출경로

은행대출경로(bank lending channel)와 대차대조표경로(balance sheet channel)는 전통적인 경로이기보다는 금리효과를 강화시키는 보완적인 경로이다. 대차대조표경로는 통화당국의 정책이 소비와 지출에 대한 직접적인 효과를 가져오기 보다는 은행과 기업의 외부 자금조달 비용에 영향을 미치는 간접적인 효과를 통해 파급되는 경로이다.

대차대조표 경로는 순자산과 현금흐름 및 유동성 자산 등을 포함한 차입자의 대차대조표와 소득대차(income statement)에 영향을 미치는 통화정책의 잠재적인 영향을 강조한다. 이 경로에서는 은행과 기업의 대차대조표에서 차입(대출)과 채권이 완전 경쟁관계에서 일어나는 점을 강조한다.

이 경로는 신용제약과 관련된다. 즉 기업의 차입능력이 담보 가용성(availability of collateral)에서 발생하는 신용제약이다. 금리 상승은 담보물(예를 들면 부동산 가치)의 시장가치를 떨어뜨리고 이것이 기업의 은행대출 접근에 영향을 미친다는 점을 강조한다.

은행대출경로는 예금기관의 대출공급에 미치는 영향에 초점을 맞추고 있다. 이 경로는 예금과 채권 간 서로 불완전한 대체관계를 가정한 경우에 작동할 수 있다. 유동성이 줄어들면 은행은 외부자금조달 프레미엄(external finance premium)때문에 자유롭게 채권시장으로 이동할 수 없다. 따라서 은행은 자신들이 대출하는 공급량을 줄이거나 또는 고객에게 부담을 전가시키는 방식으로 대출 금리를 높인다. 이러한 과정에서 통화긴축의 효과를 확대시키는 효과를 가져 온다.

신용경로는 자산 가치는 중요한 역할을 하지만 부의 경로와도 다르다. 신용경로에서 자산 가치는 기업과 가계들이 대출을 받기 위해 제출한 담보물의 가치가 중요한 요소이다. 마찰 없는 신용시장에서는 차입자의 담보물 가치가 하락하더라도 기업의 투자결정에 영향을 미치지 않는다. 그러나 정보비용 및 대리인 비용이 존재하면, 담보물 가치의 하락은 기업이 외부자금조달에 지불하는 프리미엄을 상승시킬 것이고 이것은 소비와 투자를 감소시킨다. 이와 같이 신용경로는 신용 담보물 및 신용조건의 변화에 주목한다. 여기서 **금리 변화의 충격은 넓은 의미의 신용경로와 부의 경로의 양 효과의 강도에 따라서 소위 금융가속도효과**(financial accelerator effect)**를 강화시킬 수 있다**.

은행대출경로는 차입자의 자본시장 제한과 은행대출 의존 그리고 본드와 대출의 불완전한 대체관계의 가정 하에서 은행자산의 구성 변화가 민간투자에 영향을 미칠 수 있다는 것을 보여 주고 있다. 예를 들면 통화 긴축에 따른 신용대출의 감소가 기업의 다른 자금조달에 비해 더 크게 나타나면 은행대출경로는 작동한다는 것을 설명한다. 이것은 신용시장의 제도적인 특성에 의존하지만 선험적(a priori)으로는 본드와 대출 간의 금리 차이를 설명한다.

③ 통화정책의 은행파급경로

은행대출경로에 대해 통화정책의 파급을 설명해 보자. 이제 통화긴축이 시행되면 은행의 자산 구성이 조정되는 과정에서 대출공급은 줄어들고 본드수요는 늘어난다. 여기서 자본시장의 접근이 어려우면 대출 감소는 본드 수요 증가보다 더 크게 나타난다. 그 결과 두 자산간 금리 스프레드는 확대된다. 다시 말해서 통화 긴축 시 탄력적인 신용대출의 반응으로 스프레드가 확대되고 본드발행규모의 변동보다 더 큰 대출감소로 나타난다.

여기서 대출공급 변화(loan supply shifts)에 대해 대차대조표경로에 주목하면 통화긴축은 부채 상환을 유발하므로 즉각 부동산(real assets) 매각을 가져온다. 이것은 부동산의 가치를 떨어뜨리고 신용담보가치의 상실과 함께 대출 감소를 초래한다. 이러한 상황에서는 은행들이 무위험 프로젝트에 자금조달을 공급하는 동기를 갖으면서 소위 질적 도피(flight to quality)가 시작 할 수 있다.

최종 효과는 함수의 탄력성에 달려있다. 신용수요가 본드공급보다 더 탄력적이라고 가정하면, 이것은 기업이 은행신용에 크게 의존하지 않고 본드시장은 비대칭정보문제를 해결하는데 있어서 훨씬 더 효율적인 상황이 일어날 수 있다. 그러나 이러한 상황은 은행 신용이 본드시장에 비해 추가비용을 가질 때에만 현실적으로 나타날 수 있다. 이 경우, 은행대출경로가 존재하더라도 대출 - 본드 스프레드가 줄어드는 것은 분명하다. 그럼에도 불구하고 본드 발행에서보다 대출에서 감소효과가 더 크게 나타난다.

대출수요는 본드공급에 비해 비탄력적이다. 이것은 신용시장이 소기업에게는 다른 자금조달수단에 접근하기 어려운 점인 나타낸 정보의 비대칭이 존재한다. 스프레드에 미치는 효과는 확대되고 대출계약보다는 본드 발행을 선호한다. 이러한 결과의 뒤에는 은행 - 고객 간 관계(bank-customer relationship)에 기인하여 대출이 본드에 비해 방어할 수 있다는 것이 배경이 되고 있다.

통화 긴축 후 은행은 고객과의 신용관계를 보존하기 위해 대출 감소의 보완으로 증권을 매각한다. 이 경우, 은행의 포트폴리오에서의 유동자산 조정 규모는 은행과 거래자(clients)간 고객 연계(customer links)에 의존한다. 그러므로 통화제한을 정확하게 입증하기 위해서는 대출 감소에서 뿐만 아니라 보유증권 감소에서도 관찰해야 한다. 증권 포트폴리오와 결합한 대출 감소는 통화쇼크와는 독립된 것으로 단순히 자산의 재배분의 결과이다[Leonardo Gambacorta 2001].

신용대출경로는 은행신용(bank credit)을 통한 통화정책 트랜스미션(monetary policy transmission)의 존재에서 출발한다. 이 채널은 금리변동을 통해 경제활동의 변화를 가져오는 전통적인 통화채널(money channel)과는 완전히 다른 별개의 독립적인 채널이라고 볼 수 있다[Leonardo Gambacorta 2001].

신용대출채널은 금융시장 불완전성(financial market incompleteness)에서 도출되고 있으며 또한 대출과 본드(privately-issued debt)간의 불완전 대체성(imperfect substitutionality)에 의존하고 있다. 민간가계와 중소 민간 기업들이 직접 자본시장을 통해 자금을 조달할 수 없다면 그들의 지출 및 투자행위는 전적으로 은행신용이나 자기금융조달(self-financing)에 의존할 수밖에 없다. 이 경우, 은행 자산의 구성(composition)변화는 민간소비 및 투자지출의 배분에 영향을 미친다.

거시적 차원에서 볼 때 통화쇼크는 예금에 영향을 미쳐 은행의 신용공급을 변화시킨다. 만약 통화쇼크로 유발된 신용자금 감소가 다른 자금조달 원천에 의해 상쇄되지 않는다면 그 통화쇼크는 실물효과 가져올 수 있다. 이 메카니즘은 비예금 자금을 조달하는 능력이 제각기 다른 은행들에 따라서 변동할 수 있다[Leonardo Gambacorta 2001].

예를 들면 공개시작조작을 통한 통화긴축은 금융시스템으로부터 예금인출을 초래케 하고 이것이 대출공급을 줄인다. 은행이 대출공급을 줄이면 간접금융 의존 기업과 가계는 지출을 억제하는데 이것이 산출량의 감소를 가져오게 된다.

이러한 은행대출효과가 작동하기 위해서는 몇 가지 전제 조건을 충족해야 한다. 첫째 조건은 은행이 통화당국의 통화 긴축 시 대출활동을 방어할 수 없어야 한다. 또한 완충장치 역할을 하는 은행 보유증권을 사용할 경우에는 소요 비용을 감수해야 방어할 수 있다.

둘째 조건은 예금조달은 예금 이외의 다른 대체 자금조달수단과 불완전한 경쟁관계에 있어야 한다. 통화긴축 시 은행은 증권 포트폴리오를 줄이거나 또는 동시에 대출공급을 회복하기 위해 예금이외 다른 대체 자금조달을 증대시킬 수 있다. 또한 은행 대차대조표상에서 자산과 부채의 이동 변화를 상쇄함으로서 통화긴축의 순 효과를 불확실하게 할 수 있다.

④ 자산가격경로

자산가격경로는 자산가치의 변동에 의해 유발된 부 효과를 통해 실물경제에 미치는 경로를 말한다. **민간 보유 자산가치는 매매과정에서 자본이득과 손실이 발생한다. 부의 구성 資産은 채권, 주식, 외환 등의 금융자산과 주택, 토지 등 실물자산을 모두 포함한다.**

보유자산의 가치 변화는 조사 기간과 파악 시점에 따라 다르게 나타나지만 일반적으로 금리가 낮아지면 주가는 상승하므로 예금, 채권매입으로 얻는 수익이 낮아져 투자자들이 주식매입으로 대체한다. 주가가 상승하면 기업, 개인의 부(富)가 커지므로 투자와 소비가 늘어나 경제활동이 왕성해진다.

⑤ 환율 경로

환율경로는 소규모 개방경제에서 뚜렷이 나타난다. 확대 통화정책에 의해 금리가 낮아지면 자국통화로 표시된 자산의 수익률(원화표시 국채)이 외화로 표시된 자산의 수익률(달러표시 재정증권)보다 떨어지므로 사람들은 수익률이 유리한 외화표시 자산의 비중을 높이는 과정에서 자국통화의 공급과 외화의 수요가 확대되어 환율 절하를 가져온다. 환율절하는 물가에 상승압력으로 작용하고 수출입과 실물경제에 영향을 미친다.

지금까지 통화정책이 여러 경로를 통해 실물경제에 영향을 미치며 각국의 경제사정과 금융발전 정도에 따라 영향력의 크기가 다르게 나타난다는 것을 알 수 있다. 예를 들어 장단기 금융시장이 고도로 발달한 나라는 금리경로가, 은행비중이 큰 나라는 신용경로가, 주식시장이 활황을 보인 경우 자산경로가 압도적인 역할을 한다.

⑥ 통화주의 경로

통화주의 경로(monetarist channel)는 금리에 초점을 맞추는 것이 아니라 자산 구성의 상대적인 수량 변화에 초점을 맞추고 있다. 포트폴리오에서 불완전한 대체관계를 가정하면 통화정책에 의해 기존의 자산 구성이 변화되고 이 구성 변동이 상대가격의 변화를 통해 실물효과를 가져온다[Kenneth N. Kuttner / Patricia C. Mosser 2002].

90년대 이후 증권화와 규제완화가 확산되고 자본시장이 발전되면서 직접금융조달이 급격히 증대되었다. 이러한 변화에서 90**년 후반 주식, 부동산 등의 자산가격이 상승하면서 부가 크게 증대되었다. 부의 증대가 실물경제에 영향을 미치면서 부의 효과에 의한 파급경로가 주목받고 있다**. 통화정책에 의해 유발된 금리 상승 → 자산가치 감소 즉 본드, 주식, 부동산 등의 자산가치 감소 → 가계의 자원(household' resources) 감소 → 소비 감소를 가져온다.

⑦ 주식 부의 효과

통화 공급의 확대는 금리를 떨어뜨리면서 채권가격은 올라간다. 상승한 채권가격에 비해 상대적으로 매력이 높아진 주식에 대한 수요가 늘어나면서 주가가 상승하게 된다. 여기서 주가 상승은 토빈의 q와 부의 효과에 의한 경로를 통해 실물경제에 영향을 미친다.

토빈 q의 경로는 주가가 상승하면 대체비용에 대한 기업 가치(시장가치)의 비율 즉 토빈의 q가 높아지므로 기업은 주식발행을 통한 자금조달이 용이해지게 되고 이를 통해 실물투자지출을 늘리게 된다. 이것이 승수효과를 통해 실물경제가 활발하게 된다는 파급경로이다. 또 다른 경로는 주가가 상승하면 그 만큼 가계 보유의 금융자산 가치가 증대하게 되고 이것이 부의 효과를 통해 소비지출의 증가를 가져오기 때문에 실물경제가 활성화된다는 경로이다.

또한 통화팽창은 금리경로를 거치지 않고 직접 민간의 유동성의 보유 증가 즉 화폐자산의 보유 증가를 통해 이것이 주가 상승을 가져올 수 있다. 이 주가 상승은 부의 효과를 통해 소비 증대를 가져온다. 다시 말해서 중앙은행에 의해 통화량이 확대될 경우, 경제주체들은 그들이 보유하고자 하는 양보다 통화량이 많아지게 되므로 이를 적정 수준으로 줄이기 위해 증권자산의 편입을 늘리게 된다. 이 과정에서 주식에 대한 수요가 증대하면 주가가 상승하므로 가계의 자산가치가 증대하고 이는 부의 효과에 의해 소비 증대를 가져올 수 있다.

⑧ 부동산 부의 효과

부동산 부의 효과는 부동산이 가계의 부의 구성에서 중요한 재산목록을 구성한다는 점에 주목한다. 부동산 가치의 변화는 경제에 중대한 영향을 미친다. 부동산 가격의 상승은 가계재산의 증대를 통한 부의 효과로 소비지출 및 총수요 증가를 가져올 수 있다.

또한 주택가격이 상승하면 수익성이 개선된 건설회사들이 주택공급을 확대하고 이에 따라 총 산출량도 증대될 수 있다. 이 통로는 주택지출에 대한 직접효과로 발생한 파급경로이다. 또 다른 통로는 부동산 가격의 상승하면 은행의 대출담보로 취득한 부동산가치가 상승하므로 대출채권의 부실화에 따른 은행손실이 감소한다. 이러한 은행 재무건전성의 개선은 은행의 대출공급 증대를 가져올 수 있다. 이것은 담보물의 가치 상승으로 유발된 파급효과이므로 은행 대차대조표 경로에 속한다.

그러나 주택 부의 소비 효과는 분명하지 않는 것으로 알려져 있다. 주택 소유자는 주택가격 상승을 자신의 부의 증대로 인식하여 현재 소득 대비 저축을 줄일 수 있다. 한편 다른 주택소유자는 주택가격 상승과 동시에 묵시적 임대비용(implicit rental costs)이 오르기 때문에 자신의 부동산 가치 증가를 부의 증대로 인식하지 않을 수 있다. 또한 주택구입을 계획한 가계는 주택 가격 상승을 보고 추가 고액지불에 대비 저축을 증가시키고 자신의 소비를 줄일 수 있다. 따라서 부의 효과(strenth of wealth effect)는 불확실하게 나타날 수 있다는 점이다.

설사 부동산 가치의 증가를 부의 증대로 인식하더라도 주택가격 상승에 대응한 현재 소비지출의 적응능력은 금융시스템의 기능(functioning of the financial system)**에 크게 의존한다**. 이것은 특히 부동산 가치 상승이 현재 소비지출을 증대시킬 수 있는 경우이다. 소비자는 소비지출 증가에 필요한 자금을 조달하기 위하여 유동성 자산(liquid assets)줄이거나 차입하여야 한다. 차입의 경우, 신용이 쉽지 않을 때에는 주택가격 상승에 따른 적응과정에서 억제될 수 있다. 따라서 신용억제의 완화(easing of credit constraints)는 주택 부의 효과에서 결정적으로 중요한 것이다.

초과 주택 부(excess housing wealth) 발생 가계는 주식에서 철수하고 차입을 통해 소비를 늘리는 새로운 환경에 적응하게 된다. 이 조정기간 동안 저축율은 단기적으로 떨어진 후 다시 가계가 부 포지션 대비 소비지출의 조정이 마무리되면 증가한다. 이 과도기 동안 부동산 가격이 더 이상 변동하지 않더라도 부의 효과는 작동한다. 다시 말해서 과도기가 완료된 후 순자산 포지션(net assets position)이 변동할 때 부의 효과는 소비에 영향을 미친다.

또한 부의 효과가 존재하지 않더라도 주택가격 변동은 가계의 차입능력 정도에 따라서 민간소비에 영향을 미칠 수 있다. 차입에서 신용할당(credit rationing)은 저금리 구조에서 흔히 찾아 볼 수 있다. 그러나 추가할당(rationing at the margin)은 차입자와 대출자의 정보 비대칭과 같은 요인 때문에 시장형 시스템(market-based system)에서도 특징적으로 나타난다. 실제로 가계의 차입능력은 증권 대신 지불할 수 있는 자산 및 부동산 담보자산(collateral asset)의 제공능력에 달려 있다.

주택투자는 추가 단위당 건설비용과 주택가격의 차이에 의해 결정된다. 주택가격과 건설비용의 비율을 나타낸 소위 토빈의 q가 1

보다 크면 개인과 부동산 개발업자는 단위당 초과 이윤을 얻을 수 있으므로 신규 주택을 건설하고자 한다. 그러나 1보다 적으면 신규 주택건설은 이윤을 발생시키지 않기 때문에 주택투자는 감소한다.

소비에 미치는 부의 효과의 분석에서 총부의 변동이 소비에 미치는 파급효과와 부를 구성하는 개별자산의 가치 변동이 소비에 미치는 파급효과를 주의 깊게 분석해야 한다. 최근 미국의 소비분석에 따르면 소득이 소비에 미치는 영향은 80% 정도이고 나머지 20%는 주식, 부동산 등 자산가치의 변동 즉 부의 효과가 영향을 미친 것으로 나타나고 있다. 특히 자산가치가 급격히 상승하는 시기에는 소득효과보다는 자산가치의 변동에 의한 부의 효과가 더 강력하게 영향을 미친 것으로 나타나고 있다[매일경제, 2001.9.3, 에런 그린스펀 미 FRB의장].

자산가치의 변동에 의한 부의 효과에서 일반적으로 부동산의 가치상승이 소비에 미치는 영향은 주가상승이 소비에 미치는 영향보다 더 영향이 큰 것으로 보고되고 있다. 자산가치의 상승에 따른 소비지출에 미치는 효과를 20%로 잡을 경우, 부동산 시세차익으로 1달러를 벌면 그 중 10~15센트를 소비하고 주식 매매로 1달러를 벌면 3~5 센트를 소비하는 것으로 분석되고 있다. 90년대 후반 주택보다 주식의 가치상승이 2~4배 컸던 시기의 경우, 부동산시장보다는 증권시장이 더 중요한 역할을 한 것으로 추정한다[한은정보, 2001.9, P.84].

– 재정 및 금융정책의 불확실성

대표되는 가격변수(예: 물가, 금리, 환율 등)의 변화는 가격체계와 거시경제 전체에 영향을 미친다. 예컨대 물가상승은 금리, 환율, 금융채권채무뿐만 아니라 전 소득계층에 영향을 미치며 소득계층에 따라 강타의 정도가 다르게 나타난다.

기준 금리의 상승도 금리체계전체를 변화시키는 것은 물론 금융시장과 금융기관 및 실물경제 전반에 파급된다. 특히 허약한 곳, 취약한 기관, 빈곤한 계층에 강타할 수 있다. 한국은행의 기준금리 결정변경은 실로 국민경제 전반에 큰 영향을 불러일으킨다.

천문학적인 재정을 풀고 기준금리를 사상 최저수준으로 낮추면서 시중에 돈은 넘쳐났다. 그러나 정작 필요한 곳에는 흘러가지 못해 실물 경기 회복이 지지부진한 체 돈이 원활히 순환하는지를 보여주는 통화승수가 사상 최저치로 떨어졌다[서울경제, 이태규 기자, 2015.3.11].

우리 경제가 돈을 풀어도 살아나지 않는 '유동성 함정'에 빠졌다고 진단한다. 그러나 처방은 혼란을 겪고 있다.

막힌 혈관을 뚫어주는 작업이 우선해야 한다는 주장과 오히려 더 화끈하게 돈을 풀어야 한다는 주장이 맞서고 있다.

일단 시중에 돈은 무섭게 불어나고 있다. 돈이 풀린 정도를 보여주는 광의통화(M2) 잔액은 2,088조6,000억원(평잔)으로 1년 새 152조 2,000억원(8%) 급증한 것이 이를 반증한다. 통화 증가율이 지난해 경제성장률(3.4%)의 2배가 넘는다. 통상 경제가 확대 성장하면 통화량도 늘기 마련이지만 속도가 너무 빠르다[한국은행; 1월 중 통화 및 유동성].

하지만 풀린 돈이 경기회복에 필요한 실물에 흐르지 않고 부동산 시장에나 대기성 자금으로 흘러가는 현상이다. 돈이 풀린 기간 동안 부동산 펀드 설정액은 지난해 말 29조6,000억원에서 약 2개월 사이 1조6,000억원(5.4%)이나 불어난 31조1,900억원(6일 기준)에 달했다. 부동산 청약시장에도 수천 억 원의 돈이 몰리고 있다. 대표 투자 대기자금 집합소인 머니마켓펀드(MMF) 잔액도 지난 1월 67조 4,000억 원으로 1년 새 19조원(39.2%) 폭증했다[금융투자협회].

정상적인 경제의 경우, 통상적으로 심장(정부 · 한은)에서 공급된 혈액(돈)은 소비와 투자로 이어져 경기 호전이 되면서 경제성장률을 견인한다. 하지만 **현재 가계는 고령화, 불어나는 주거비용, 원리금 부담 등으로 지갑을 열지 않고 있다. 민간 기업들도 경기 불확실성이 짓눌리면서 투자를 기피한 체 곳간에 돈을 쌓아두고 있다**. 시중에 자금이 원활히 돌지 않고 있다.

기업들의 보유 유동자금이 2015년 1월 현재 522조원으로 1년 새

15조원(3%)이나 불었다. 이에 따라 통화승수는 사상 최저로 곤두박질쳤다. 1월 통화승수는 18.47배로 통계가 집계된 2001년 12월 이후 13년래 최저치를 기록했다. 세월호 참사 직후인 지난해 8월(18.82배)보다도 낮은 수치다.

이처럼 실물 경기는 장기 침체를 헤매고 돈은 헛돌고 있는 가운데 지난해 금리를 내린 후 반년이 지나도 좀처럼 회복되지 않으면서 우리 경제가 유동성 함정에 진입했다고 주장한다. 기준 금리 인하와 재정 팽창의 합동작전에도 불구하고 폴리스 믹스 효과는 일정 기간 지연을 감안하더라도 경기 회복세가 나타나지 않고 있다는 것이다.

두 차례 금리를 인하했지만 경기를 살리는 효과가 미미하고 확대 재정정책이 가세했지만 효과는 신통치 않다는 것이다. 따라서 추가로 기준금리를 내리는 금융정책은 실익보다는 가계부채, 투기 가능성 등 피해를 양산할 수 있다는 것이다. 금융 불안을 키우고 있다는 분위기마저 감돌고 있다.

반면 화끈한 통화팽창정책을 계속 이어가야 한다는 주장이 맞서고 있다. 대규모 완화 정책으로 경제를 살린 미국을 본받아야 한다는 주장이다. 미국은 2007년 8.8배였던 통화승수가 2013년 3.3배까지 곤두박질쳤지만 양적완화를 멈추지 않았다는 것이다[서울경제, 이태규 기자, 2015.3.11.].

한국은 왜곡된 한국경제구조와 정책파급경로의 불확실성이 존재한 탓에 금융 불안과 비효율성이 금융기관과 시장에서 끊임없이 출현하고 있다.

- 한미의 기준금리 조정 시차, 금융 안정

미국 연방준비제도(Fed · 연준)가 연내 기준금리를 인상하겠다고 예고한 가운데 미국과 한국의 기준금리 조정의 시차가 평균 9.7개월인 것으로 조사됐다. 미국이 기준금리를 조정한 뒤 한국의 기준금리는 평균 9.7개월 후에 뒤따라간다[서울=연합뉴스 김지훈 기자, 2015.7.8.].

미국의 기준금리 변화가 시작된 이후 한국은행이 기준금리를 미국과 같은 방향(인상 또는 인하)으로 조정할 때까지 걸린 기간은 평균 9.7개월이었다.

주요 사례를 보면 미국은 2004년 7월 기준금리 인상을 시작했고, 한국은행은 그 후 15개월 만인 이듬해 10월 기준금리를 올렸다.

또 미국은 2007년 9월 서브프라임 모기지(비우량 주택담보대출) 부실 충격으로 금리를 내리기 시작했는데, 한국은 13개월이 지난 2008년 10월 기준금리를 하향 조정하기 시작했다.

이런 조사결과에 따르면 미국이 오는 9월께 기준금리를 올리기 시작하더라도 한국이 기준금리를 조정하는 것은 이로부터 약 10~15개월 뒤가 될 것이라는 추정이 가능하다.

한국이 미국과 반드시 같은 방향으로 기준금리를 조정한 것은 아니었다. 미국과 다른 방향으로 조정한 경우도 7차례나 됐다.

미국은 2004년 7월 이후 25개월에 걸쳐 금리를 올렸지만, 한국은 같은 해 8월과 11월 등 2차례에 걸쳐 기준금리를 각각 0.25%포인트씩 내렸다.

또 미국은 2008년 12월부터 기준금리를 초저금리 수준인 0~0.25%로 유지했지만 한국은 2010년 7월부터 2011년 6월까지 4차례에 걸쳐 기준금리를 인상했다.

이런 시차나 금리조정 방향의 차이는 한국은행의 기준금리 결정이 미국 금리 추세보다는 국내 경기상황을 우선해서 반영된 것으로 보인다.

화폐당국도 미국이 금리를 인상해도 한국은 금리를 내릴 수도 있고 선진국들의 통화정책 차별화로 각국 금리정책의 동조화가 깨지고 있다.

최근 미국은 고용과 주택시장 지표가 양호한 흐름을 유지하고 소비도 회복세를 보이는 등 경기회복세가 지속되고 있다. 그러나 한국은 수출 감소와 소비 부진에 물가상승률도 낮은 수준이어서 경기 여건이 상당히 다른 상황이다.

이런 상황을 고려하면 미연준의 기준금리 인상이 현실화되더라도 한국은행이 즉각적으로 기준금리를 인상할 가능성은 크지 않다[서울=연합뉴스 김지훈 기자, 2015.7.8.].

기준금리 조정은 경제상황에 따라 결정되지만 타이밍을 놓친 금리결정은 매우 중요한 금융 안정과 불안을 야기하는 결정적인 변수이다.

- 중앙은행의 역할에 대한 미국과 유럽의 견해 차이

중앙은행의 역할에 대해 미국 연방준비제도(연준)와 유럽중앙은행(ECB)의 최고위관계자들은 상당한 견해 차이를 드러내고 있다. ECB는 중앙은행의 정부 정책에 대한 공개적 압박도 필요하다는 입장을 나타낸다. 반면 미연준은 정부와의 관계는 조심스럽게 접근해야 한다는 입장을 견지한다[월스트리트저널(WSJ)/ 뉴욕=정지원 특파원, 파이낸셜뉴스 2015.5.24.].

유럽중앙은행(ECB)은 최근 유로 존(유로화 사용 19개국)의 경제가 다소 나아지기는 했지만 여전히 성장률과 물가상승률(인플레이션)이 너무 낮다고 진단하고 유로 정부의 대대적인 경제 개혁이 이뤄져야 된다는 점을 강조한다.

이 같은 발언은 중앙은행의 대정부 역할 강화를 대변하는 시각으로 해석된다. 통화정책을 펴는 중앙은행이 정부의 적극적인 구조개혁까지 촉구, 경제가 장기적으로 안정적인 성장세에 진입할 수 있도록 해야 한다는 의미다.

유로존 실업률은 아직까지 미국이나 일본보다 훨씬 더 높은 11.3%를 기록하고 있다. 특히 그리스와 스페인의 청년실업률은 50% 수준까지 달한다. 유럽연합 중앙은행은 양적완화(QE)를 계속 이어갈 것이라는 뜻으로 분석되고 있다.

이에 비해 스탠리 피셔 미 연준 부의장은 재정정책을 총괄하는 정부와의 관계는 좀 더 조심스럽게 접근해야 한다고 강조했다. 미래의 위기를 해결하는 가장 좋은 방법은 직면하게 될 경제 체제를 강화하는 것이지만 그렇다고 항상 구조개혁 등 체제 변화를 주장하는 것은 바람직하지 않다고 주장했다.

이어서 유로 존이 직면한 가장 중요한 도전은 유럽 내 생산성을 늘리는 것이며 이는 전 세계 선진국들이 직면한 문제이기도 한다. 장기적으로 유로 존은 회원국들의 번영을 가져오지 못하면 생존하지 못할 것이다.

양적완화가 부정적 영향을 가져올 수 있으며 비통상적인 방법이고 나쁜 마술일 수도 있다.

래리 서머스 전 미국 재무장관은 중앙은행들이 지난 20여년 정책의 초점을 물가안정에 우선적으로 맞춰왔지만 이제는 시각을 더 넓힐 때가 됐다고 강조했다[월스트리트저널(WSJ)/ 뉴욕=정지원 특파원, 파이낸셜뉴스, 2015.5.24.].

- 한국은행의 금리정책 효과

2015년 들어서 한국의 기준금리가 사상 최저 수준으로 내려갔다. 그러나 신용도가 낮은 서민들에겐 먼 나라 얘기일 뿐이다. 이처럼 서민들이 저금리 시대의 혜택을 누리지 못하는 것은 저축은행, 상호금융권 등 비은행권 대출 금리가 요지부동이기 때문이다[서울=연합뉴스 김수현 기자, 2015.10.11.].

상위 10개 저축은행 신용등급별 가중평균금리 기준으로 상위 10

개 저축은행의 평균 금리는 7월 말 기준으로 28.6%다. 저축은행, 상호금융 등 비은행권 대출은 상대적으로 신용등급이 떨어지는 서민들이 주로 이용한다.

한국은행이 2014년 8월부터 올해 6월까지 4차례에 걸쳐 기준금리를 사상 최저 수준인 1.5%까지 내린 영향으로 시중은행 평균 대출금리가 2%대로 떨어졌다.

그러나 저축은행 등을 이용하는 서민들은 기준금리 추세와 동떨어져 움직이는 고금리를 감수할 수밖에 없어 통화완화 정책의 혜택을 제대로 보지 못하고 있다.

이런 금리 양극화에 정부는 연 10%대 중금리 대출 활성화를 독려하지만 해당 업계는 외면하고 있다.

올해 7월 지방은행을 포함한 12개 시중은행의 중금리 대출 실적은 1만5천888계좌, 914억7천만원으로 전체 신용대출(115조원)의 0.3% 수준에 불과했다[금융위원회/금융감독원].

29개 저축은행이 판매하는 56개 중금리 상품의 대출 잔액 역시 3천921억원으로 저축은행 가계대출 잔액 121조1천억원의 3.2%에 그쳤다.

은행들은 저신용 고객에 대한 정보와 노하우가 부족해 중금리 대출 상품 출시로 위험을 떠안게 될까봐 우려하고 있다. 저축은행업계 역시 부실 위험 때문에 금리를 내릴 여지가 없다고 난색을 표하고 있다.

2000년대 일부 시중은행이 저신용 서민들을 위해 10%대 중금리 신용대출 상품을 출시했으나 실적이 저조하고 부실율이 높았다는 점도 금융기관들이 중금리 상품 출시를 고심하게 하는 점이다.

저축은행의 경우, 기준금리 인하로 조달 금리는 2~3%대로 떨어졌지만 부실 가능성이 큰 고객들을 상대하다 보니 대손율은 여전히 10~15% 수준이다. 대손율이 낮아지지 않는 이상 대출 금리에 큰 변화를 주기 어렵다는 입장이다.

여론과 금융당국의 압박에 이미지 전환을 위해 중금리 상품 출시를 고심하고 있지만 시중은행도 어려움을 겪는 시장이다. 하물며 이름값이 상대적으로 떨어지는 저축은행은 높은 대손율 때문에 어쩔 수 없다는 입장이다. 대출금리의 경직성이 얼마나 극심한가를 잘 보여주고 있다.

8. 중국경제 위기의 한국 금융 불안 유발?

중국이 현재 과도한 그림자금융, 정부부채, 회사채 부도, 부동산가격 폭락 등 '4대 악재'를 안고 있으며 이들 문제가 한꺼번에 발생할 경우 심각한 위기상황을 초래할 수 있다. 다만 복합적인 위기 가능성은 크지 않지만 지속적인 모니터링은 필요한 상황이다. **중국의 그림자금융**[9] **규모는 지난해 말 기준 약 13조~36조 위안으로 이는 중국 국내총생산(GDP)의 25~70% 수준으로 추정한다** [파이낸셜뉴스, 김승호 기자, 2014.4.3].

그림자금융이 급속하게 증가하고 있고 단기자금 성격인 돈이 부동산이나 탄광, 중소기업 등의 투자에 흘러가고 있어 투자수익을 내기까지 오랜 기간이 걸리는 만기불일치, 또 거래과정이 불투명하고 재테크 상품을 통해 조달된 자금이 쉽게 다른 프로젝트로 이전

9) 그림자금융이란 은행권을 중심으로 한 제도권 밖에서 활동하는 은행의 부외(대차대조표 등 장부 외)거래, 제2금융권 신용, 사금융 등을 말한다.

해 위험이 옮겨가는 것 등이 모두 문제다. 다만 중국정부가 그림자 금융 관련 위험을 통제하고 관리할 수 있는 능력을 보유하고 예상 손실도 은행권 자금으로 방어할 수 있는 수준으로 보인다.

특히 중국정부의 부채가 GDP 대비 약 53%까지 증가한 것도 위험요인으로 주목한다. 중국의 중앙정부와 지방정부 부채는 2013년 각각 12조3841억 위안, 17조8909억 위안이다. 특히 지방정부는 중앙보다 부채가 눈덩이처럼 불어나고 있고 은행으로부터 직접 차입이 불가능해지자 직간접적으로 관련 있는 페이퍼컴퍼니 또는 채무담보, 토지양도수입 등을 통해 자금을 조달하고 있는 실정이다.

최근 태양광과 철강, 부동산 업체 등에서 채무불이행(디폴트) 사태가 발생하고 있다. 디폴트는 과잉 중복투자가 심각한 석탄, 시멘트업 등으로 확산될 가능성도 있지만 이는 정부가 시장규율을 만들어가는 과정으로 이해되며 미국과 같은 디폴트 위기도 없을 것으로 본다. 이외에 최근 투자 위축에 따른 소비 부진, 부동산가격 상승세 주춤도 위험 요인으로 꼽히고 있지만 중국 정부가 투자속도를 조정하려는 노력을 펼치고 있고 부동산도 정체는 되겠지만 폭락할 가능성은 크지 않다[파이낸셜뉴스, 김승호 기자, 2014.4.3/ 대외경제정책연구원(KIEP); 중국 경제 동향 및 리스크 점검].

중국과 인접한 아시아 국가들은 중국 발 쇼크에 크게 흔들릴 수 있기 때문에 한국도 예의 주시하지 않을 수 없다:

초대형 국가인 중국 발 경제 및 금융 불안, 과도한 그림자 금융,
정부 부채 · 회사채 부도, 부동산 가격 폭락

↓

아시아 국가, 특히 취약한 국가들의
경제 동요 및 위기 유발

↓

전이 정도에 따라
국내 금융 및 실물경제 불안야기

9. 한국의 그림자금융은 금융 불안 요인

한국의 그림자금융 규모가 2013년 말 기준으로 1천500조원을 넘는다. 그림자금융은 은행과 비슷한 기능을 하면서도 당국의 건전성 규제를 받지 않기 때문에 경제위기를 불러오는 폭발물로 돌변할 수 있다. 2013**년 광의의 그림자금융 규모는** 2012**년에 견줘** 11.2%(157**조원**) **늘어난** 1**천**561**조원에 이른다. 이는 지난해 명목 국내총생산**(GDP · 1**천**428**조**3**천억원**)**보다도 많다**. 광의의 그림자금융은 은행 시스템 밖에서 일어나는 은행과 유사한 신용중개활동을 총칭한다[서울=연합뉴스 고유선 박수윤 기자, 2014.4.3].

그림자 금융 규모 1천561조원을 쪼개보면 집합투자기구 403조원, 신탁계정 351조원, 증권회사 312조원, 여신전문금융회사 157조원, 유동화 및 대부사업자 110조원, 머니마켓펀드(MMF) 67조원, 기타 161조원 등으로 구성된다. 국제 비교를 해보면 주요 20국(G20) 산하 금융규제기구인 금융안정위원회(FSB) 조사 결과, 2012년 기준으로 한국의 GDP 대비 그림자금융 비중은 108.4%로 조사 대상 26개국 중 7위였다. 1위는 네덜란드(564.7%), 2위는 영국(354.4%), 3위는 스위스(233.5%)다.

광의의 그림자금융에 견줘 리스크 유발 요인이 더 큰 '협의의 그림자금융' 규모는 기관 기준으로 전년보다 30조원 늘어난 646조원이다. 상품 기준으로 보면 564조원으로 57조원 증가했다. 문제는 증가세를 이끈 상품이 위험성이 높은 자산유동화증권(ABS)과 자산유동화기업어음(ABCP) 등 유동화상품이라는 점이다. 이들 상품 규모는 163조원으로 전년보다 24.4%(32조원) 늘었다. 전체 상품 증가율(11.2%)의 배가 넘는다.

ABCP란 기업의 매출채권, 회사채 등 자산을 담보로 발행하는 어음의 일종으로 최근 기업어음(CP)에 대한 공시의무가 강화되자 발행이 늘고 있다. 만기가 통상 3개월로 짧은 편이어서 석 달에 한 번씩 차환하게 돼 있는데 예상치 못한 사건으로 차환이 어려워지면 기업과 투자자는 물론 매입보장 약정(ABCP가 시장에서 팔리지 않으면 금융사 대신 사준다는 약정)을 맺은 금융사까지 피해를 볼 수 있다.

최근 대출사기에 연루된 KT ENS는 신용도 하락으로 ABCP를 차환하지 못해 법정관리를 신청한 바 있다. 지난해 자본시장법 개정으로 3조원 이상 자기자본을 가진 증권사라면 기업에 대출을 할 수 있게 된 만큼 그림자금융 규모는 더 커질 전망이다.

당국도 금융안정을 위한 5대 핵심과제로 그림자 금융을 꼽은 바 있다. 그림자금융을 통해 기업은 다양한 통로와 조건으로 자금을 조달할 수 있다. 문제는 규모가 급증하거나 위험투자에 집중돼 버블을 일으키는 것이 문제다. 취약한 감독과 비합리적 규제와 결탁한 부정부패가 위기를 불러올 수 있다는 점이다. **특히 한국의 그림자금융은 대규모기업집단의 금융계열사를 통한 CP 판매 등 금산분리 문제나 금융소비자에 대한 불완전판매 문제에도 얽혀 있는 한국금융의 특수성이 있기 때문에 상당한 잠재 위험이 크다**[서울=연합뉴스 고유선 박수윤 기자, 2014.4.3].

10. 달러 환율 급등락 - 엔저 장기화 - 대응력 부재 - 금융 불안

달러 당 엔화 환율이 국제금융시장에서 2013년 4월 103엔 선을 돌파하였다. 한국 상품의 국제가격 경쟁력이 급락했다. 엔·달러 환율 급등은 엔화 약세보다 달러화 강세 요인이었다.

미국의 5월 소비자심리지수와 4월 경기 선행지수 등 경제 지표가 호조였고 미국 연준의 양적완화 축소 가능성도 달러화를 끌어올렸다. 다행스러운 점은 원·달러 환율이 함께 오르면서 원·엔 재정환율의 급격한 하락을 그나마 막아주었다.

그러나 외환시장에서는 엔·달러 환율의 추가 상승을 기정사실화하는 분위기였다. 국제금융시장은 엔화가치가 9개월이 지난 내년초 달러당 최저 110엔까지 하락할 것으로 예측했다. **엔저가 계속되면 자동차, 철강, 기계, 전기전자 등 일본과 경합하는 한국 경제에**

도 상당한 타격을 줄 것이다.

일본의 양적 완화로 원 · 엔 환율이 10% 떨어지면 2분기 한국의 수출이 전년 동기 대비 1.9% 감소한다. 엔저 현상이 지난해 9월부터 시작됐다고 하면 올해 2분기부터는 본격적으로 나타날 것으로 본다.

엔저가 계속되면 경쟁 분야는 물론 일본보다 우위에 있는 조선, 휴대전화, 디스플레이 같은 분야까지 위협받는다. 이미 엔저의 타격을 받은 자동차, 철강, 기계, 전자제품에다 우위 분야까지 침식당하면 한국 경제는 악영향을 받을 것이다. 특히 환위험에 취약한 수출 중소기업은 상당한 타격을 입을 것이다.

정부는 엔저라는 전반적인 기류를 피할 수 없다고 보고 기업에 대한 미시 지원 대책으로 대응하고 있다. 선물환포지션 한도 규제 · 외환건전성 부담금 부과 · 외국인채권투자자금 비과세 등 이른바 3종 세트를 내놓는 것도 현재로서는 시기상조로 보았다.

3종 세트는 자금 유출입에 관한 규제다. 현재 자금이 급격히 밀려오기보다 나가는 분위기이므로 사용할 만한 상황이 아니다. 토빈세 도입 등 대책도 현재로서는 덜 익었다. 최근 발표된 일본의 1분기 기업투자는 오히려 마이너스를 기록했다. 엔 · 달러 환율이 달러

당 110엔 근처까지 갈 수는 있지만 올해 하반기에도 이런 기류가 이어질 것으로 보이지 않았다[세종=연합뉴스 박용주 홍정규 김승욱 방현덕 기자, 2013.5.20.].

엔화위력에 한국의 대응능력은 약하다. 달러 당 100엔 시대가 4년여 만에 다시 열리며 수출기업의 영업이익 악화가 가시화됐다. 특히 엔저(円低 · 엔화가치 약세) 장기화는 경영난에 시달리는 일부 업종은 부실화를 맞고 있다. 상황이 지속하면 경상수지 역시 악화할 것이다.

무역으로 먹고사는 한국의 수출실적이 나빠지면 경제성장률도 떨어진다. 문제는 현재 당국이 취할 수 있는 뾰족한 수가 없다는 점이다. 한국경제와 민간 기업이 환율변동에 대응능력이 없기 때문이다.

현재 외국계 투자은행(IB)들은 대부분 달러 당 100엔이 넘는 상태가 1년 이상 계속될 것으로 본다. 엔저가 장기화한다는 시장 컨센서스가 사실상 이뤄졌다. 환율 변동에는 경제주체들의 기대심리가 크게 반영된다. 이 때문에 시장 컨센서스가 형성되면 실제 환율의 움직임 역시 이를 따라간다.

엔저가 장기화하면 일본과 경쟁하는 국내 수출기업은 타격을 입는다. 다른 조건이 같을 때 원 · 엔 환율이 10% 하락하면 한국의 수출은 연 4.1% 줄어든다. 특히 우려되는 것은 조선, 해운 등 현재 몸살을 앓는 업종들이다. 기업부실을 빨리 털어내려면 빠른 경영실적 반등이 필요한데 엔저 현상이 발목 잡을 수 있다.

올해 연평균 엔·달러 환율이 달러 당 100엔, 원·달러 환율은 1,100원이 됐을 때 조선업종의 영업이익은 1조8천억원이 줄어들 것으로 예상한다. 더 나아가 달러 당 110엔, 1,000원이 되면 영업이익 감소폭은 5조2천억원으로 눈덩이처럼 불어난다. 이렇게 되면 구조조정에서 회복하려는 이들 업종의 노력은 한층 더 어려워질 것이다.

달러 당 연평균 100엔, 1,100원이 될 때 자동차 업종에서 2조9천억원, 기계·전기전자에서 6조6천억원씩 영업이익이 감소할 것으로 본다. 달러 당 110엔, 1,000원 상황에서는 감소폭이 8조3천억원, 18조9천억원으로 는다. 전체 제조업의 이익감소 규모는 26조원에 달한다. 조선업은 일본이 아닌 중국과 경쟁하고 해운업 역시 엔저 영향보다는 수출경기 영향을 더 크게 받는다. 엔저 장기화가 기업 구조조정과는 크게 상관이 없다. 국내 경제성장률에서 수출이 차지하는 비중은 절반에 달한다.

수출이 줄어들며 경상수지가 나빠지면 한국의 성장률이 크게 떨어진다. 엔화 환율이 달러 당 100엔, 원화는 달러 당 1,000원이 됐을 때 총 수출이 2.0%포인트 줄어들며 경상수지가 125억달러 급감한다. 이는 지난해 경상흑자 431억달러의 4분의 1을 넘는 규모다. 따라서 경제성장률 역시 1.8%포인트 하락하는 것으로 추정한다.

그러나 엔저는 현실화하고 있지만, 원고는 나은 상황이기 때문에 실제 경상수지 · 성장률 감소폭은 더 낮을 확률이 크다. 연평균 원 · 달러 환율이 달러 당 1,093원, 연말 엔 · 달러 환율이 달러 당 105엔 수준이면 올해 경상수지가 지난해보다 소폭 줄어든 383억달러가 될 것으로 추산한다.

엔화약세 영향이 일부 품목에 나타나지만, 반도체 단가회복, 하반기 세계수요 확대로 수출은 완만한 증가세를 전망한다. 국제원자재 가격 하락세를 고려하면 한국의 경상수지 흑자폭이 500억 달러가 될 것이란 예상한다.

문제는 엔저 현상이 장기화이고 한국경제와 기업의 대응책이 없다는 점이다. 엔화가치의 잣대인 엔 · 달러 환율이 외국시장에서 벌어지고 있기 때문에 우리 당국이 손을 댈 수 없다. 한국 당국으로선 일본계 등 외국자본이 국내에 급격히 들어오거나 빠져나가지 못하도록 조치하는 게 손에 쥔 유일한 카드다.

엔 · 달러 환율보다는 원 · 엔 환율을 안정시키는 것이 수출기업 입장에서는 더 중요하지만 원화를 약세로 유도해 원저 · 엔저 현상을 만드는 것도 한계가 있다. 또한 당국의 직접개입은 쉽지 않고 개입해도 정책낭비만 초래할 수 있다. 국제적으로 정부의 외환시장 개입은 자칫 '환율조작'이라는 누명을 쓸 수도 있다.

기준금리 인하 역시 하나의 방법이지만 목표환율에만 겨냥할 수 없다. 원화가 기축통화가 아니라 금리를 무작정 내릴 수도 없다. 선진국의 유동성 공세에 심하게 밀리지 않을 정도로는 추가 금리 인하는 신중할 사항이다. **결론적으로 엔저 장기화의 근본적인 대책은 한국경제와 민간기업의 복원력을 키우는 경제구조와 국가 및 기업 경쟁력강화가 최선의 대안이다.**

당국이 취할 근본적인 방안이 없다. 민간 기업으로선 환율변동의 피해를 최소화하는 방안을 개발하고 틈새 수출시장을 공략하는 것이 최선의 장기대안이다[서울=연합뉴스, 홍정규 방현덕 기자, 2013.5.14.].

11. 자본시장의 후진성이 금융 불안 야기

– 한국자본시장 후진성

미국의 증권자본주의 시장경제와 같이 한나라의 경제가 고도화되고 경제가 일정수준 이상으로 성장하면 경제발전을 위해 상대적으로 은행보다 자본시장의 기능이 더욱 중요해진다. 미국자본주의를 따라가는 한국경제도 상당한 발전단계 수준에 접어들었다. **경제가 성장할수록 경제발전과 은행발전의 상관관계는 약화되는 반면 경제발전과 자본시장 발전의 상관관계는 강화된다.**

1인당 실질국내총생산(GDP)에 대한 분위가 30분위를 지나면 자본시장이 경제발전에 더욱 유리하다. 한국은 37개국 중 중간 정도 수준에 해당하는 49분위(2006~2010년 평균값)다.

한국경제는 인구고령화, 출산율 저하 등에 따른 인구구조 변화 등으로 혁신산업 육성이 필요한 시점에 와 있다. 자본시장이 기업의 장기자금 조달, 혁신 형 창업기업, 신기술을 기반으로 하는 장기 프로젝트 등을 지원할 수 있도록 금융제도가 개선되고 금융제도는 장기·위험자산에 대한 투자기반을 확충할 수 있는 기반 제공이 매우 부족하다.

중소기업 자금 지원과 자본시장에 대한 보완 기능을 가진 은행산업 발전이 선진국에 비해 여전히 후진적이다. 은행은 중소기업에 대한 자금지원, 자본시장 참여자들에 대한 신용공급 및 시장 상황에 민감한 자본시장에 대한 보완 기능 등을 수행하는 은행산업 발전이 선진국에 비해 크게 뒤떨어져있다.

결론적으로 **자본시장이 기업의 장기자금 조달, 신기술을 기반으로 하는 장기 프로젝트 등을 지원할 수 있는 금융제도를 개선하고 마련하는 것이 중요하지만 여전히 충분히 발전하지 못하고 있고 선진국에 크게 뒤 떨어져 있어 한국 금융의 불안을 야기할 수 있는 요인이 되고 있다**[서울=뉴시스, 이예슬 기자, 2014.4.25].

- 기관투자가와 주식시장의 효율성 부족

한국 기관투자가의 금융시장 투자 비중은 선진국에 비해 크게 낮다. 한국의 기관투자자 규모는 2012년 말 현재 1조1000억 달러다. 이는 미국(32조 달러)의 32분의 1, 일본(11조5000억 달러)의 11분의

1 수준이다. 국내 기관투자자 중 보험의 비중이 57.3%로 절반을 넘지만, 미국은 펀드가 42.3%, 호주와 영국은 연금이 각각 63.8%, 40.9%를 차지했다[머니투데이 한은정 기자, 2014.11.12/ 금융투자협회].

국내 기관투자자의 주식투자 비중은 평균 14.3%**로 호주** 56.7%, **미국** 45.7%, **영국** 43.2%**보다 크게 낮았고 일본의** 11.7%**보다는 약간 높았다**. 이에 따라 국내 주식시장 시가총액에서 기관투자자가 차지하는 비중은 작년 말 현재 16.1%로 미국(47.1%), 영국(55.6%)의 절반에도 못 미쳤다. 일본은 29.7%였다.

국내 펀드 자산의 주식투자 비중은 2002~2011년 평균 22.2%로 영국(67.8%), 호주(52.2%), 미국(46.9%)의 절반 정도에 불과했다. 국내 보험 자산의 주식 비중은 평균 6.6%로 영국과 미국의 5분의 1 수준이었고 연금 자산의 주식 비중은 14.1%로 미국과 호주의 3분의 1 수준에 그쳤다.

국내 기관투자자는 주요국과 비교해 규모가 작고 주식투자 비중 역시 상대적으로 낮다. 특히 상대적으로 규모가 작은 연금의 확대를 통해 특정 기관 투자자에 치중되지 않도록 하고 기관투자자의 주식투자 활성화가 금융시장의 효율성 제고를 위해서라도 필요하다 [머니투데이 한은정 기자, 2014.11.12./ 금융투자협회].

한국주식시장은 기관투자가의 미미한 역할로 인해 시장효율성이 크게 떨어지고 있다.

12. 금융 불안의 본산지는 실물경제 불안

글로벌 위기 때인 2008년 이후 신용위험이 가장 많이 증가한 산업은 해운, 조선, 건설이다. 2002~2013년 해운 · 건설 · 조선 산업은 수익성(상각 전 영업이익(EBITDA)마진율)과 재무안정성(EBITDA 대비 총차입금)이 큰 폭으로 저하됐다. 철강, 정유, 항공 등 또한 수익성과 재무안정성 지표가 떨어졌다. 반면 호텔, 시멘트 · 레미콘, 자동차 · 부품, 전자 등은 수익성과 재무안정성이 개선됐다.

건설 · 조선 · 철강 · 해운업종은 수익성과 재무안정성 지표 저하와 함께 등급 하향세도 두드러졌다. 건설 · 조선 · 철강 · 해운업종의 합산 등급 상 하향 비율(Down/Up ratio)은 지난해 6.0을 기록했다. 12개 기업 등급이 내려가는 동안 등급이 올라간 기업은 2개에 불과한 것이다.

기업 전체 등급 상하향 비율이 1.8이었던 데 비해 이들 업종의 등급 하향세가 강했다. 올해 들어서도 이들 업종은 등급 하향만 7건 있었던 반면 기업 전반의 등급 상하향 비율은 2.0을 기록했다. 앞으로도 이들 업종의 등급 하향세가 이어질 가능성이 높다. 이들 업종은 등급전망(아웃룩)이 부정적인 기업이 많다는 이유에서다[이데일리 경계영 기자; 2014.11.29/ 한국신용평가; 영업실적 및 재무안정성 변동을 통해 본 산업위험 분석 결과].

부실업종이 많이 늘어나면 금융기관의 건전성이 위협받고 채권 및 주식시장과 자금시장의 불안정이 크게 치솟을 수 있다. 특히, 한국경제를 이끄는 주력산업들이 장기 침체화 되면 금융 불안이 심화될 수 있는 것이다.

한국의 주요업종들의 수익성과 재무안전성이 위협받으면 금융시장 전반이 불안에 휩싸일 수 있다.

13. 관치금융과 정책금융, 금융 불안

해방 이후 한국 정부는 경제성장을 지속적으로 촉진하기 위하여 기업별, 산업별, 용도별, 지역별로 각종 금리결정에 적극적으로 개입하였다. 금융시장에 개입한 정책금리가 매우 중요한 역할을 수행하였다. 지금까지 공식적인 금리체계는 정책금리가 압도적으로 지배했다.

1990년대 후반부터 정책금리들이 줄어들고 계속 시장금리로 이행하는 과정을 단계적으로 밟아 왔다. **경제개발 수준이 아직은 낮은 단계에 있었고 소득규모 및 저축 여력이 충분하지 못했던 시기 한국금융은 경제개발에 총동원되는 관치금융과 정책금융 및 개발금융기관이 절대적으로 지배했다.**

1990년대 후반에 들어서면서 비로써 경쟁원리에 입각한 경쟁적인 금융시장과 민간금융기관의 운영 확대 및 시장수급사정을 반영한

금리체계를 갖추기 시작하였다. 한국의 금리체계는 정부가 직접 결정하는 정책금리와 행정지도를 받는 규제금리, 시중의 자금사정에 따라 움직이는 자유 시장금리 그리고 비공식적으로 암시장에서 형성된 사채금리 등이 공존하는 금리체계를 가지고 있다.

한국의 대표적인 시장금리로는 통화안정증권 유통수익률, 금융채 유통수익률, 회사채 유통수익률, 콜금리, 국채금리 등을 들 수 있다. 그러나 **시장금리를 형성하는 각종 금융시장들도 선진국의 금융시장만큼 충분히 발달되지 못한 상태여서 금리가 빈번히 왜곡되고 자금배분이 비효율적으로 배분되고 있는 경우가 많다**. 지금도 여전히 관치금융이 크게 영향을 미치고 있으며 금융경제와 실물경제를 왜곡시키며 자원의 최적 배분을 가로막고 있다.

14. 한국 금융시장의 전형적인 후진성과 금융 불안

- 불법 사금융 및 비공식 금융시장의 번창

불법 사금융 시장은 한국 등 신흥국 등 일부 국가에만 있으며 구미 선진국에서는 찾아 볼 수 없다. 한국의 불법 사금융 시장은 장구한 세월 동안 공식시장을 교란시켜 왔다. 그러니 정부 당국은 발본색원에 전력투구하기는커녕 정책적으로 또는 방치하는 수법으로 알게 모르게 조장해 왔다.

한국의 불법 사금융 시장규모가 8조원에 달하고 불법사채 이용자가 93만 명쯤 추산한다. 불법사채에 140만명이 잠재적으로 노출될 가능성이 있는 것으로 추산하며 그 이용규모는 12조원에 달한다[심지홍 단국대 경제학과 교수; 한국대부금융협회; 대부업 양성화 이후의 불법 사금융 시장/설문조사 분석 결과].

- 불법사채가 만연화된 고약한 사회

대부업 양성화 이후 정부의 다각적인 노력 등에도 불구하고 불법사금융 시장규모가 8조원에 달하고 불법사채 이용자는 93만명 가량으로 추산한다. 서민금융시장의 초과수요가 불법사금융의 생성 원인이며 이런 초과수요는 2000년대 중반 이후 급속하게 단행된 최고이자율 인하 정책과 취약계층을 외면하고 있는 정부의 서민금융상품(햇살론 등)의 문제점 등에서 비롯됐다.

불법사채 이용자는 전체 응답자의 2.4%에 달했으며, 평균 대출금액은 858만원, 이자율은 120~240% 구간이 가장 많았다. 불법사채를 알게 된 경로는 전단지 및 명함광고(29.8%), 지인소개(28.6%), 스팸메일 및 전화(19%), 생활정보지(17.8%) 순으로 나타났다. 불법사채 이용횟수는 1회(56.6%)가 가장 많았으며 2회(20.5%), 5회(12.3%) 순이었다.

불법사채 이용은 달리 대출받을 곳이 없고, 쉽게 빌릴 수 있는 점과 대출 용도는 생활자금, 사업자금이 대다수를 차지했다.

불법사채 피해 후 취한 조치는 이용자 절반 이상이 신고나 구제상담을 받았으나 **보복이 두려워 아무런 행동을 취하지 않았다는 사람도 응답자 중 1/3이상을 차지했다.** 불법사채를 알고도 앞으로도 계속 이용하겠다는 사람도 적지 않게 많았다.

불법사채 이용율(2.4%)**과 불법사채 평균 이용금액**(858**만원**)**을 지난해 경제활동인구로 환산하면, 국내 불법사채 이용자는** 93**만 명에 총 이용금액은 약** 8**조원으로 추정됐다**.

그는 또 신용등급 7등급 이하의 저신용자 544만명(작년 6월말 기준) 중 정부의 서민금융상품 수혜자 155만명과 등록 대부업체 이용자 249만명을 뺀 나머지 140만명이 불법 사금융에 노출돼 있고, 이들의 잠재 이용금액은 약 12조원으로 추산한다.

불법사채 이용 시기 별로 보면, 최고금리가 66% **였던 기간의 불법사채 월이용자수는** 0.18**명으로 낮았으나, 최고금리가** 49%(0.61**명**), 44%(1.63**명**), 34.9%(4**명**)**로 낮아지면서 불법사채 이용자는 크게 증가했다**. 2000년대 중반 이후 집중적으로 추진된 과도한 금리 인하 정책이 불법 사금융 시장을 확대시킨 주요 원인이다.

오랫동안 불법사금융 정책이 수정 보완돼 왔고 단속도 체계적인 면모를 갖추게 됐지만 불법사금융 피해가 줄지 않는 이유는 무엇일까? 금융시장과 정부의 역할 분담, 적정한 금리 정책, 수요자 중심의 처방, 실물경제의 정상화 등에서 실마리를 찾아야 할 것으로 보인다.

가장 주목할 점은 금리가 낮을수록 초과 수요가 증가해 불법 사금융 시장이 커지고 서민금융회사의 안정성이 훼손된다는 위험한 논리다. 불법 사금융은 원천적으로 봉쇄하고 강력히 처벌하는 것이 급선무이다. 무서운 형벌 앞에서는 사금융이 활개 칠 수 없다. 사금융시장을 소탕하고 상한금리 인하나 설정 등 규제보다는 금융회사들의 경쟁원리를 유도하는 방향에서 접근하고 감독과 규제, 불법에 대한 가차 없는 집행이 있어야 한다[매경닷컴 전종헌 기자, 2015.1.9].

15. 미 금융정책은 한국 금융안정에 영향을 미친다.

– 미국 금융정책의 영향

미국은 그 동안 풀어 놓았던 달러화를 거둬들인다. 이처럼 예견된 변수에 세계 각국이 대응에 부심하고 있다. 신흥국 금융시장은 취약한 내부 경제 탓으로 외풍에 시달리는 상황이다. '버냉키 거품'에 취해 충분히 대비할 수 없는 산적한 국내문제 때문이다. 한국 경제는 다른 신흥국에 비해 나은 편이지만, 경제 체력 과신은 금물이다.

외풍에는 미국의 출구전략 외에도 중동의 정정불안, 남북 관계 경색 가능성, 국내정치의 불안과 소모적 논쟁, 초대형 부정부패에 따른 사회적 불안 요소, 정부 정책실기와 정책실패 등 우리 경제의 향방을 가를 변수들에 우리의 체력을 과신할 수 없다[아시아경제 박연미 기자, 2013.8.22].

경기 둔화 속 통화가치 급락으로 속병을 앓아 온 인도와 인도네시아 등은 직격탄을 맞았고 우리나라도 경계태세를 강화하고 있다. 신흥국의 위기 여파가 해외의존도가 깊은 한국경제에도 미칠 수 있다. 초저금리 정책에 따른 달러화가 한국 시장에도 상당 부분 유입됐다. **달러 자금이 한국 자본시장에 들어오면서 외환보유고가 늘고 환율 덕택으로 경상수지 흑자 행진이 계속되었다. 그러나 전례를 보면 방심할 수 없다. 주요 한국 기업과 공기업의 차입급 의존도가 높다는 점도 경계 대상이다.**

한국의 주요 수출입 대상국들인 중동과 북아프리카(MENA) 지역의 정정불안도 우리 경제에 달갑지 않은 소식이다. 원유 수출국인 리비아와 나이지리아, 이라크 등에선 잇따라 생산 차질이 빚어졌다.

아직까지는 생산량 감소분이 많지 않아 국제유가가 강세를 보여도 제한적인 영향을 미치겠지만 지역 정정불안은 예측이 불가능하게 할 것이다.

남북 관계는 이른바 '코리아 디스카운트'를 부추길 수 있는 변수다. 세계 신용평가사들은 한국 시장을 평가할 때 '지정학적 리스크'를 주요 항목으로 꼽는다.

국내 정국은 국정원 사건으로 정체논쟁이 계속되고 초대형 부정

부패 사건, 산적한 가계부채의 대두, 정부정책 실패의 반복, 경제입법의 지연, 정책실기와 정책실패 등이 일상의 경제생활에 불안을 던지면서 한국경제의 성장 진로에 애로 요인으로 작용하고 있다.

- 미국의 금융긴축과 세계경제

신흥경제 국가들에게 지난 1990년대 말과 같은 또 한 차례의 위기가 올 가능성은 낮지만, 앞으로 2~3년간은 이들 경제가 강한 모습을 보이기 어려울 것이다. 연방준비제도(Fed)가 양적완화를 시행하는 동안 이머징마켓으로 유입된 자금은 각국 국내총생산(GDP)의 10%에 이른다. 그러나 벤 버냉키 의장이 양적완화를 축소하겠다고 하자 자본이 빠져나가면서 환율 상승과 주가 하락, 금리 상승 등이 요동치고 있다. 그러나 지난 1990년대 말과 같은 위기가 재연될 것 같진 않다. 당시에 비해 **신흥국들이 가진 외환보유고 등 완충장치(버퍼)가 많고 환율 변동이 당시보다 유연해졌고 대외자본 통제수단도 가지고 있기 때문이다. 은행 대출이 주였던 90년대 말에 비해 현재는 자국 통화로 된 채권 비중이 늘어난 것도 외환 변동에 따른 만기 불일치(미스매칭) 위험을 줄여주고 있다**[뉴욕= 이데일리 이정훈 특파원, 2013.9.14/우재준 IMF 시니어이코노미스트].

그러나 인도와 인도네시아, 터키 등은 최근 상대적으로 더 큰 불안을 보이고 있다. 이들 **신흥국들은 외환보유고에 비해 들어온 해**

외자본이 과도한 규모였던 데다 민간 대출 성장률이 20%에 육박하거나 그 이상 이었다. 또 경상수지 적자도 크고 인플레이션도 높은 등 문제가 많은 만큼 신흥국 경제는 앞으로 2~3년 동안 회복되기 어려울 것이다.

또 현재 한국, 중국 등 달러 존 경제권은 환율을 경쟁력 있게 유지하기 위해 금리를 낮추고 달러 페그와 외환시장 개입을 중단할 것인가의 딜레마에 빠져 있다. 중국은 외환보유고가 GDP대비 40%가 넘지만, 최근 이자율이 너무 낮으면서 금융시스템에 왜곡이 나타나고 있고 민간과 지방정부 등 부채가 과도하게 높아지는 등 문제가 더 크다.

일본은 아베노믹스의 미래가 비관적이다. 적극적인 자산매입으로 최근 인플레이션율이 0.7%로 올라갔지만, 대부분 에너지 수입가격 상승 덕이었고 이를 제외하면 0.1% 상승 하는 데 그쳤다. 이로 인해 그 효과에 굉장히 의문이 많다. 또 고령화가 심각하고 외국인 직접투자(FDI)에 대해 부정적이고 서비스산업에 대해 보호주의가 심한 구조적 문제를 가지고 있다. 일각에서는 환태평양경제동반자협정(TPP)에 희망을 거는데, 이의 효과는 GDP의 0.1%에 불과하기 때문에 도움이 되지 않는다. 정부가 지속적으로 채권을 매입하면서 재정 부담이 커지고 있는 만큼 시장이 일본 정부의 구조 개혁과 재정 긴축에 대해 신뢰를 갖지 않는다면 인플레이션이 설령 2%까지 올라가더라도 이자율이 빠르게 상승하는 문제가 생겨날 수 있다.

미국 경제는 현재 완만한 회복세다. 올해 GDP 성장률이 1.7% 수준에 이른 뒤 내년에는 3% 가까이 높아질 것으로 전망한다. 실업률 7.3%가 높기 하지만, 비슷한 금융위기를 겪었던 다른 나라들의 경험에 비춰보면 노동시장 회복속도가 빠른 편이다. 또 주택시장이 지속적으로 호전되고 있고 소비를 이끄는 가계부문의 재무상태가 개선되고 있다.

최근 경기 회복세를 주도하고 있는 주택시장도 연준의 양적완화 규모 축소 시 어느 정도 타격을 받을 수 있겠지만, 수요대비 공급량이 크게 줄어 주택가격 상승을 뒷받침할 수 있는 토대가 닦였고, 주택가격 상승 기대나 주택 건설업체들의 심리지표도 빠르게 높아지고 있는 만큼 주택경기는 이미 바닥을 찍고 지속적으로 개선될 것으로 보인다.

연준은 2013년 안에 양적완화 규모를 시장 예상대로 100억~150억 달러 정도 축소하더라도 실업률 6.5%, 1~2년간 기대 인플레이션 2.5%를 목표로 제시한 포워드 가이던스를 강화하는 방식으로 시장 충격을 줄일 것으로 보인다. 따라서 세계경제에 미치는 영향력은 그리 크지 않을 것이다[뉴욕= 이데일리 이정훈 특파원, 2013.9.14/우재준 IMF 시니어이코노미스트].

- 신흥국의 자본 유출 원인은?

달러 강세로 인한 신흥국의 자본 유출이 2008년 금융위기 때보다 심각한 것으로 나타났다. 2014년 3분기~올해 1분기에 **15개 주요 신흥국 자본시장에서 총 6천1억 달러(약 656조원)**가 순유출한 것이다. 이는 **금융위기 기간인 지난 2008년 3분기~2009년 1분기의 5천452억 달러 순유출 규모**를 넘는다[서울=연합뉴스 박진형 기자, 2015.5.8].

이들 **15개국의 외환보유액도 1분기에 총 3천744억 달러 줄어 기록적인 감소세**를 보였다. 이런 자본 유출은 무엇보다도 **초저금리 달러 자금을 신흥국 자산에 투자하는 달러 캐리트레이드가 최근 달러 강세의 여파로 청산되고 있기 때문이다.**

달러 캐리트레이드는 미국 양적완화 이후 급증해 2009년 3분기부터 작년 2분기까지 이들 **15개국에 유입된 유동성은 총 2조2천억 달러**에 이른다.

또 금융위기 당시보다 자본 유출이 심각한 것은 주요 신흥국에 대한 시장의 신뢰가 취약함을 보여주는 것이다.

신흥국의 자본 유출 원인은 **달러 캐리트레이드의 청산, 중국의 성장 · 금융시스템의 문제, 여러 신흥국 경제 기초여건(펀더멘털)의 취약점** 등의 요인이 여전히 그대로 자립 잡고 있기 때문이다.

다만 순유출 규모는 작년 4분기 2천553억 달러에서 1분기 2088억 달러로 줄어 자본 유출의 강도는 다소 약해졌다. 하지만 유출 추세는 2분기에도 지속할 것이란 것이 전문가들의 전망이다[서울=연합뉴스 박진형 기자, 2015.5.8.].

- 환율 변동에 의한 원활한 경제작동 부재와 정책 한계

세계 각국이 자국의 경기 침체를 막기 위해 중앙은행을 앞세워 자국 화폐가치를 떨어뜨리는 통화전쟁을 벌리면서 지난 1년간 40여 개 나라의 통화가치가 떨어졌다[서울=연합뉴스 김지훈 이지헌 기자, 2015.7.18.].

한국은 지난 1년간 네 차례나 기준금리를 내렸음에도 실질실효환율은 사실상 가치가 올랐다.[10] 실제로 2014년 6월부터 2015년 6월까지 12개월 동안 실질실효환율이 하락한 국가는 총 43개국이다.

주요 국가 가운데 러시아(-17.6%), 브라질(-15.9%)의 절하율이 컸고, 양적완화를 시행하고 있는 일본(-12.1%), 유로 존(-9.2%)도 통화가치가 크게 떨어졌다.

10) 실질실효환율은 세계 61개국(유로존 전체를 개별 국가에 포함)의 물가와 교역 비중을 고려해 각국 통화의 실질적 가치를 보여주는 지표다. 100보다 높으면 기준연도(2010년)보다 그 나라 화폐 가치가 고평가됐고, 100보다 낮으면 저평가됐다는 뜻이다

올해 들어 유럽중앙은행(ECB)의 양적완화 발표를 시작으로 20여 개 국가의 중앙은행이 자국 경제 활성화를 위해 줄줄이 정책금리를 내리면서 통화전쟁이 벌어진 영향이다.

실질실효환율이 크게 오른 곳은 연내 금리 인상을 예고한 미국(15.8%)을 비롯해 사우디아라비아 등 미 달러화에 자국통화를 연동한 국가들, 위안화 국제화를 추진하고 있는 중국(14.0%) 등 일부 국가에 국한됐다.

반면 원화의 평균 실질실효환율은 지난달 112.96포인트를 나타내 1년 전(112.90)에 비해 오히려 0.1% 상승했다.

한국은행이 지난해 8월과 10월 기준금리를 각각 0.25%포인트 내린 데 이어 통화전쟁이 본격화한 이후 올해 3월과 6월에도 금리를 내렸지만, 환율 경쟁력은 겨우 본전을 유지하는데 그친 것이다.

그러나 세계시장에서의 경쟁 관계를 고려하면 원화의 환율 경쟁력은 오히려 크게 악화했다고 볼 수 있다. 세계시장에서 한국과 수출품 경쟁 관계인 국가의 통화 가치가 더 크게 떨어졌기 때문에 제3국에서 벌리는 수출 경쟁에서 국내 수출기업의 가격경쟁력이 불리해졌다.

특히 한국과 경합도가 높은 일본(-12.1%)의 실질실효환율 하락이 두드러져 국내 수출기업을 어렵게 하였다. 엔화 대비 원화 실질실효환율은 올 1분기 기준 158.3포인트로 장기 평균치(113.2포인트) 대비 39.8% 절상된 데다 역대 가장 높았던 2007년 1분기(159.7포인트)에 근접한 상태다.

세계시장에서의 원화가치는 최근 들어 BIS 기준의 실질실효환율 지표보다 더 높다고 분석한다. 글로벌 경합도를 고려한 실질실효환율 지표는 원화 실효환율이 최고 수준을 기록했던 2007년과 유사한 수준으로까지 높아졌다. 이런 불리한 환율 상황은 한국의 수출 환경에 부정적인 영향을 미치고 있다.

앞서 올해 상반기(1~6월) 수출액은 세계 경기회복 지연과 유가 하락, 중국의 산업구조 재편 등의 요인까지 겹쳐 작년 동기보다 5.0% 감소한 2천690억 달러를 기록한 바 있다.

수출이 단기간에 급격히 위축됐음에도 이를 회복할 마땅한 정책 수단이 없는 게 한국경제구조의 현실이다. 수출이 빠르게 악화하고 있지만 장기적으로 기업의 수출경쟁력을 강화하는 것 외에는 수출 부진을 타개할 해결책이 마땅치 않다.

특히 수입 감소로 경상수지는 흑자를 지속하다 보니 외국인들은 원화 가치가 고평가됐다고 보지 않는다는 이론적 해석을 한다는 점이다[서울=연합뉴스 김지훈 이지헌 기자, 2015.7.18]. **이 같은 한국경제의 모순은 환율 변동에 의한 원활한 경제작동 부재와 정책 한계에 기인한다고 본다.**

- 미국 금리 상승 - 달러 강세, 회사채 유동성 부족, 부동산 개발업체 부실 - 아시아 위험 - 한국 금융 불안

미국 금리인상 전망에 따른 달러 강세와 회사채 시장 유동성 둔화가 아시아 채권 시장의 위험요인이 될 수 있다[머니투데이 권다희 기자, 2014.11.25/ 아시아개발은행(ADB)].

동아시아 현지 통화표시 채권시장이 아직 양호한 흐름을 이어가고 있지만, 미국의 예상보다 빠른 금리상승에 따른 달러 강세와 회사채 유동성 부족, 중국 부동산 개발업체 부실 가능성 등이 위험 요인으로 작용할 수 있다.

미국 금리 상승과 달러 강세 현상 지속이 외국인의 아시아 채권 투자 흐름을 언제든 바꿔놓을 수 있다. 미국이 2015년 중 기준금리를 올릴 것으로 예상되는 가운데 달러 강세가 진행되며 동아시아 통화약세를 더 부추길 수 있다.

특히 동아시아 통화 중 원화가 7월과 10월 사이 달러대비 5.7% 절하되며 가장 큰 하락세를 기록한 점이다. 통화 가치가 절하된다면 이는 해당 통화로 표시된 채권 가치의 달러 환산액을 떨어트린다.

미 달러 가치 상승은 부채를 갚기 위한 현지 통화 부담액을 궁극적으로 상승시킬 수밖에 없다. 또 동아시아 국가들의 회사채 시장 유동성이 국채 시장에 비해 낮은 점도 위험요인이다. 회사채 발행액 증가율은 2.9%로 국공채(3.2%) 보다 낮다. 여기에 바젤III가 위험도 높은 회사채의 대규모 보유를 억제하는 효과가 있어 회사채 유동성이 더 악화될 수 있다.

아울러 중국 부동산 개발업체의 부채 부담이 높은 상황에서 중국 부동산 시장이 더 부진해 질 경우 아시아 채권 시장에서 큰 위험이 될 수 있다. 중국 GDP(국내총생산) 성장률이 2분기 7.5%에서 3분기 7.3%로 떨어진 가운데, 중국 주택가격은 5개월 연속 하락했고 지역별로도 70개 도시 중 69곳의 주택가격이 하락했다.

중국 부동산 시장이 계속해서 취약해지면 일부 부동산 개발업체는 부채 상환이 어려워질 수 있을 것이다. 중국 부동산 업체들의 영업 현금흐름 대비 부채는 2013년 말 현재 12배에 달했다.

이밖에 아시아 채권 투자자가 보험사와 연기금에 치우쳐 있는 등 투자자 다각화 부족도 위험요인으로 등장한다.

미국 통화정책 변화 등 정책 환경이 변화가 동아시아 국가들의 금융시장을 강도 높게 제약할 수 있을 것이고 동시에 선진국의 자금 흐름은 국가 별 금리 차이에 따라 몰려다닐 것이다.

외국인이 아시아 채권 투자 비중을 늘리고 아시아 기업들이 달러표시 채권 발행을 확대하며 최근 아시아 채권 시장은 성장세를 구가해 왔다. 잠재적 위험에도 불구하고 신흥 동아시아의 현지통화표시 채권시장은 지속적으로 커지고 있으며, 아직은 안정적으로 평가된다.

올해 9월까지 신흥 동아시아 현지통화표시 발행 잔액은 8조2000억 달러로 6월말보다 3.1%, 작년보다 11.3% 늘었다. **아시아 신흥국 중에선 중국이 가장 큰 발행 국가로 전체 발행규모의 46%인 659억 달러를 차지했고 그 다음인 한국이 금융기관을 통해 263억 달러를 발행했다. 중국과 한국의 채권은 선진국 투자자들의 투자 대상 1순위이다.**

9월 말 원화표시 채권 발행 잔액은 1조7000억 달러로, 6월말 대비 2.4%, 전년대비 8.4% 증가세를 기록했다. 주로 국채, 통안채, 금융채의 발생 증가의 영향이다. **한국 채권 규모로는 일본, 중국에 이어 아시아에서 세 번째로 큰 시장이다. 유동성이 높은 시장에서 낮게 나타나는 매매가격차이(bid-ask spread)도 한국이 가장 낮다.**

동시에 신흥 동아시아 시장이 올해 첫 9개월 간 발행한 미 달러, 유로, 엔화 표시 채권 발행액도 1435억 달러로 이미 지난해 전체 발행액인 1415억 달러를 초과했다[머니투데이 권다희 기자, 2014.11.25/ 아시아개발은행(ADB)]. 미국 금리 상승과 달러 강세는 세계 금융시장의 흐름을 크게 바꿀 것으로 예상되며 이 가운데 한국 금융시장이 한 바탕 요동칠 것으로 보인다. 요동은 한국 금융에게 발전의 호기를 주기보다는 불안의 내재화를 더 심화 시킬지 모른다. 정책 당국의 임기응변식 대응책만 자주 남발하는 형국이 되풀이되고 있기 때문이다.

– 신흥국 발 한국 금융 불안

신흥국 발 불안이 세계경제로 확산될 조짐이다. 아르헨티나와 터키 등의 금융 불안에 이어 우크라이나, 태국, 베네수엘라 등에서 정치 불안까지 겹치면서 신흥국의 경제가 흔들리고 있다. 한국 당국도 경계 중이다[세종=연합뉴스, 유경수 기자, 2014.3.2].

이런 사태들은 한국과 세계 경제에 큰 영향을 미치지는 않겠지만 신흥국 전반으로 위기가 전이될 가능성이 있다.

정정불안이 심화하는 우크라이나와 태국, 베네수엘라는 작년 말 기준 경제규모가 각각 4천10억달러(29위), 3천670억달러(32위), 1천760억달러(57위)로 중소국 범주에 속한다.

우크라이나, 태국, 베네수엘라 등 3개 중소국의 정치 불안이 세계 경제에 의외로 큰 파장을 일으킬 수도 있다. 이번 사태가 유럽, 남미, 아시아 등 주요 신흥국 권역에서 동시다발적으로 발생하면 신흥국 전반에 대한 투자심리 악화로 이어질 가능성이 있고 이는 자본이동 등을 통해 인접국가로 불안이 확산할 수 있다.

또 우크라이나와 베네수엘라는 좌파와 우파가 대립하는 민감한 지역이어서 주요 강대국 간의 갈등으로 확대될 여지가 있다. 우크라이나는 유럽의 에너지 공급 통로다. 러시아의 원유와 천연가스가 우크라이나를 통해 대부분 공급된다. 베네수엘라는 세계 9위 산유국이며 원유 매장량은 2천970억달러로 세계 1위 국가로 에너지공급 분야의 영향력이 크다. 태국의 경제규모는 아세안 10개국 중 인도네시아에 이어 두 번째로 크다.

문제는 과거 세계경제에 큰 파급력을 미쳤던 여러 글로벌 위기도 **초기에는 그 영향이 해당 국가에 제한되거나 무시할만한 이벤트였지만 급속히 전이되면 한국도 위기에 휘말릴 수 있다.** 97년 아시아 금융위기와 2007년 미국의 서브프라임 모기지 사태, 2009년 그리스 위기 등이 그 예다[세종=연합뉴스, 유경수 기자, 2014.3.2.]: 신흥국의 정치, 경제 불안 → 다른 신흥국 경제 불안 야기 → 한국경제 및 금융 불안

16. 가계와 기업의 차입 급증과 금융 불안

- 가계대출급증

저금리 기조가 장기화되고 부동산 정책 규제가 풀리면서 가계와 기업이 빌린 은행 대출 잔액이 8월 들어 1320조 원대에 올라섰다[한국은행; 8월중 금융시장동향/ 서울=뉴시스, 조현아 기자, 2015.9.10.].

지난달 은행 기업대출과 가계대출(모기지론 양도 포함)을 합한 잔액은 1324조1000억 원이다. 이중 은행 가계대출은 609조6000억원으로 한 달 전에 비해 7조8000억원 증가했다. 이는 지난 4월(8조5000억원), 6월(8조1000억원) 증가폭에 이어 역대 세번째로 많은 규모다.

낮은 금리가 장기간 이어지고 앞으로의 기대 금리도 현재 수준을 유지할 것으로 보이는 데다 부동산 시장이 전반적으로 호전되는 분위기이어서 빚을 내 주택을 거래하는 가계가 늘고 있다. 지난달 서울시 아파트 거래량은 1만600건으로 2006~2014년 8월중 평균 거래량인 4800건의 2배 이상에 달했다.

이에 따라 **주택담보대출**은 전달보다 6조1000억원 증가한 452조 2000억 원을 기록했다. 주택담보대출 증가액도 지난 4월 8조, 5월 6조3000억, 6월 6조8000억, 7월 6조5000억 원으로 높은 증가세를 유지하고 있다.

마이너스 통장 대출 등 가계의 기타대출 잔액은 휴가철 자금수요가 늘어난 영향으로 1조7000억원 증가한 156조7000억 원으로 나타났다.

- 기업대출급증

기업대출도 크게 불어났다. 8월 은행의 기업대출은 6조원 늘어난 714조5000억 원으로 전월(4조7000억원)보다 증가폭이 확대됐다.

개인사업자 대출을 중심으로 은행의 중소기업 대출이 늘어난 영향이다. 지난달 대기업 대출은 7000억원 증가한 165조5000억원으로 집계된 반면 중소기업 대출은 5조3000억 원이 늘어나 549조1000억 원에 달했다.

– 자본잠식기업대출

국내 은행들이 **자산보다 부채가 많은 '자본잠식' 기업**에 50조 원이 넘는 돈을 대출해주었다. **완전 자본잠식(자본총계가 마이너스인 상태) 기업도 1700여개사에 달했다**[오마이뉴스 김지혜 기자, 2015.9.11].

지난해 말 기준 18개 국내 은행이 **외부감사법 적용 대상 기업(자산 120억 원 이상) 중 자본잠식 상태에 있는 기업**에 내준 대출 규모는 51조 9391억 원(5285개 기업)으로 집계됐다.

이 중 **완전자본잠식 상태에 있는 기업**은 1701개, **일부 잠식 상태에 있는 기업**은 3584개다. 특히 **부실화될 위험이 매우 큰 완전자본잠식 기업 중 27개사는 상장기업이다**.

은행별로는 산업은행이 442개 자본잠식 기업에 17조 8605억 원을 대출해줘 대출금이 가장 많았다. 그 다음은 기업은행(6조 5642억 원, 1411개 기업)이 차지했다. 소위 국책은행에 속한 두 은행이 442개의 자본잡식 기업에게 17조 8605억 원을 대출했다는 것이다.

그 다음 부실대출 기업이 많은 상업은행들 중에는 우리은행(4조 9034억 원, 574개 기업), 농협은행(4조 5855억 원, 359개 기업), 수출입은행(3조 9198억 원, 96개 기업), 신한은행(3조 6986억 원, 563개

기업), 구 하나은행(2조 7035억 원, 479개 기업), 구 외환은행(1조 4110억 원, 385개 기업) 순이었다.

해당 기업이 부실화되는 경우 선의의 피해자가 다수 발생할 수 있을 뿐만 아니라 자금의 비효율적인 배분을 일삼는 은행들의 효율적 자금중개기능 역할을 저버리고 있다[오마이뉴스 김지혜 기자, 2015.9.11].

- 가계부채발 금융 불안

가계 빚이 1천조원을 넘어섰다. **가계부채의 증가는 소비 위축을 유발해 경기회복의 발목을 잡는다. 특히 소득 증가가 따라주지 못하면 자영업자를 중심으로 한계에 몰린 중산층이 저소득층으로 내몰린다.** 과도한 가계 빚은 소득계층의 양극화를 심화시키고 노동자원 및 자금 배분의 왜곡을 유발한다[서울=연합뉴스 경수현 박수윤 기자, 2014.1.7].

2013년 11월말 현재 은행과 비은행 예금취급기관(저축은행 · 신용협동조합 · 새마을금고 · 상호금융 등)의 가계대출 잔액은 이미 1천조원을 넘어섰다. 2004년 말 가계부채가 494조2천억원에서 두 배 이상으로 늘었다. 가계부채는 가계가 쓸 돈이 충분치 않아 늘어난 측면도 있지만 정부의 4 · 1 부동산대책, 8 · 28 전월세 대책 등 정부 대책이 빌미를 제공한 요인도 작용했다. 가계 부채 1천조원 돌파는 소득이 증가할수록 가계부채도 늘어나는 만큼 이 자체로 문제 삼을 수 없지만 문제는 악성부채 증가와 함께 부채증가 속도에 따른 경제적 충격이다. **소득보다 빚이 늘어나는 속도가 빨라지면서 가계의 소득 대비 빚 부담이 커지고 이에 따라 대출부실이 뒤 따를 수 있다**. 실제 지난해 개인 가처분 소득에 대한 가계부채 비율은 136%로 역대 최고를 기록했으며 한국은행은 작년 6월말 기준으로는 이 수치가 137%로 더 악화한 것으로 추정하고 있다.

앞서 이 지표는 2003년에는 107%였으나 카드 사태의 여진이 수그러들면서 2004년 103%로 떨어지고서 그 이후에는 주택담보 대출과 가처분 소득 증가의 둔화 등의 요인 때문에 지난해까지 8년 연속 상승했다. 가계부채 증가율이 소득 증가율을 웃도는 점은 거시경제의 잠재 위험요인이다. 특히, 비은행 가계대출 · 자영업자 · 다중채무자 등 특정 부문은 가계부채에 특별히 취약한 상황이다.

자영업자를 보면 1인당 대출이 지난해 3월 말 평균 1억2천만원으로, 임금근로자 1인당 대출(4천만원)의 3배에 달했다. 이들의 빚 가운데 부실 위험이 있는 '잠재 위험 부채'는 60조7천억원으로, 전체 가계부채의 6%를 넘었다. **상당수가 중산층인 자영업자들의 소득이 개선되지 않아 연체에 몰리게 되면 중산층이 몰락한다**[서울=연합뉴스 경수현 박수윤 기자, 2014.1.7./ 한국은행; 예금취급기관 가계대출].

17. 환율정책의 무기력과 금융 불안

중국의 잇따른 위안화 절하로 '환율전쟁'이 벌어질 조짐을 보이고 있는데도 한국은 무기력한 모습이다. 외환당국은 위안화 절하에 따른 충격에 속수무책이다.

한국은행 금융통화위원회는 기준금리 인하 압력에도 불구하고 13일 기준금리를 동결했다. 이는 곧바로 외환시장에 반영됐다. 이날 위안화는 사흘째 절하를 이어갔지만 원·달러 환율은 상승세를 멈추고 급락세(원화가치 급등)로 돌아섰다.

환율전쟁에서 국내 외환당국의 손발이 묶인 데는 '역사적인 배경'이 자리 잡고 있다. 2010년 말 우리 정부 주도로 주요 20개국(G20) 서울 정상회의에서 채택한 '서울선언'이 족쇄로 작용하고 있다.

– '서울선언'이 족쇄로

서울 G20 정상회의 당시 핵심 의제는 세계 무역불균형 해소였다. 미국 등 G20 회원국들은 무역 불균형의 '주범'으로 중국을 지목했다. 값싼 노동력을 배경으로 막대한 경상수지 흑자를 거둬 다른 선진국을 적자국으로 내몰고 있다는 이유에서였다. **회원국들은 치열한 논쟁 끝에 개별 국가의 경상수지 흑자가 국내총생산(GDP)의 4%를 초과하면 인위적인 통화가치 절하를 못 하도록 하는 내용에 합의했다. 이른바 '경상수지 4%룰'이 그것이었다.**

당시 정상회의에 참여했던 정부 관계자는 "주요 회원국 중 경상수지 흑자가 GDP의 4%를 초과하는 나라는 중국 독일 등이었는데, 4%룰은 사실상 중국을 겨냥한 것 이었다"고 말했다. 그는 "미국 재무부가 중국의 손발을 묶기 위해 4%룰을 주도했고 주최국이었던 한국 정부가 '행동대장' 역할을 맡았던 것"이라고 덧붙였다.

'서울선언' 이후 중국은 실제 외환시장에 적극 개입하지 못했다. 그 결과 미 달러에 연동된 위안화는 줄곧 강세를 유지했다. 중국의 GDP 대비 경상수지 흑자폭도 2009년 5.96%에서 지난해에는 1.90%로 낮아졌다. 반면 '서울선언' 당시 GDP 대비 경상수지 흑자폭이 4% 미만으로 감시대상국이 아니었던 한국은 지난해 흑자폭이 6.25%로 불어나 '4%룰'에 걸리는 처지가 됐다. "미국 재무부는 한국을 환율조작 의심 국가로 분류한 것도 이 같은 저간의 상황 변화를 근거로 한 것"이다. "우리가 주도했던 '서울선언'이 5년 뒤 한국의 발목을 잡은 '자충수'가 된 것"이다.

- 손발 묶인 외환당국

이런 사정 때문에 환율전쟁이 터지더라도 우리 정부가 적극 대응할 수단이 없다는 게 외환당국의 고민이다. "일본이 공격적인 양적완화에 나서면서 달러 대비 엔화가 지난 5년간 53.4%나 절하됐는데도 미국이 문제 삼지 않는 것은 일본의 GDP 대비 경상수지 흑자폭이 여전히 1% 미만으로 낮은 이유"도 있다. "엔화에 비해 같은 기간 원화 절하폭은 5%에 불과했지만 한국의 경상수지 흑자폭이 더 불어났다는 이유로 미국의 감시대상이 되고 있는 것"이다.

최근 사흘 연속 중국 정부가 외환시장에 개입한 것을 미국과 국제통화기금(IMF)이 사실상 용인하는 입장을 취한 것도 비슷한 배경이다. 여기에다 중국은 지난 5년간 위안화가 달러 대비 오히려 4.2% 절상됐고, 경상수지 흑자폭도 크게 줄어 앞으로도 추가 절하 여지가 충분하다[한국경제, 정종태 기자, 2015.8.14.].

18. 한국 증시 불안 요인

최근 미국과 중국 발 악재로 금융시장이 충격을 받고 있는 와중에 엎친 데 덮친 격으로 '북한군의 대남 폭격'까지 더해지면서 환율 변동성과 증시 추락을 증폭시키고 있다. 과거 북한의 도발 사건 때 금융시장이 일시적으로 출렁거렸을 뿐 장기적인 충격으로 이어지지는 않았던 만큼 사태가 확산되지 않는다면 영향이 제한적일 것이란 전망도 있지만 대외 여건이 워낙 불안스러워 장담하기 어렵게 됐다[서울=뉴시스, 강세훈 조현아 한상연 심동준 기자, 2015.8.20.].

중국 위안화 쇼크 이후 안정을 찾아가던 외환시장은 이날 마감 이후 북한군의 포격 소식이 전해지자 역외 금융시장에서 원·달러 차액결제선물환(NDF) 시세가 오르며 출렁이는 모습을 보였다.

서울 외환시장에서 원·달러 환율은 급상승하며 1190원대에 진입했다. 북한의 포격에 따른 여파는 제한적이겠지만 원·달러 환율 상승 요인으로 작용할 가능성이 높다.

외화채를 발행하는 기관도 국내 금융시장과 해외시장 움직임 등을 파악하면서 긴장감을 늦추지 못했다. 앞으로 금융시장은 이번 포격이 단발성으로 끝날 것이냐, 지속될 것이냐에 달려있을 것으로 보인다. 코리안 리스크가 지속적으로 불거질 경우에는 외화채 금리가 인상될 가능성이 높다.

외환당국은 갑작스럽게 터진 북한 발 뉴스에 금융시장을 예의주시하고 있다. 당국은 향후 외환시장의 동향을 면밀히 모니터링하면서 필요할 경우 적절히 대응하겠지만 리스크로 크게 번지지 않는 이상 금융시장에 미치는 영향은 미미할 것이란 관측이다.

그러나 외부 변수에 민감한 주식시장은 북한 리스크의 단기 충격이 불가피할 것이다. 최근 대외적인 환경이 좋지 않은 상태에서 이번 북한 포격으로 전체적인 불확실성이 더해진 데다 남북 양측 간 충돌이 더 길게 진행될 가능성도 있기 때문에 증시에 악재인 것은 분명하다.

실제 연평도 포격사건 당시에도 국내 증시가 악화된 전력이 있었고 수급 악화는 불가피하다. 하지만 대북 리스크가 시장에 미치는 영향이 크지 않을 것이다. 과거 대북 리스크 때 그리 크지 않았던 충격에 대한 이른바 '내성'이 생겼기 때문이다.

또한 현재 증시가 최근까지 여러 번 타격을 입었기 때문에 더 크게 떨어지지는 않을 것으로 보인다. 전혀 영향이 없다고 볼 순 없겠지만 코리아 디스카운트라고 부를 만한 구조적인 변화로 까지 이어지지는 않을 것이다.

또 대북 문제라는 새로운 변수가 최근 한국 증시에서 떠나고 있는 외국인의 등을 떠밀 가능성도 있다. 외국인은 최근 국내 시장에서 빠른 속도로 빠져나가고 있다. 유가증권 시장에서 8월 들어서만 모두 1조4300억원을 순매도했다.

대북 이슈는 대표적인 '코리아 디스카운트' 요인이다. 중국 경기 둔화와 미국 금리 인상에 대한 우려 등 대외 문제가 외국인의 증시 이탈을 자극하고 있는 가운데 설상가상으로 대북 이슈까지 겹쳐 자금 이탈 속도가 더 빨라질 수 있다.

분위기가 안 좋은 상황에서 설상가상으로 북한 리스크까지 더해졌으며 과거 사례를 봤을 때 대북 이슈로 외국인들의 자금 이탈이 두드러지게 나타나지는 않았지만, 사태 추이가 걷잡을 수 없게 흘러간다면 외국인의 추가 자금 이탈을 자극할 지도 알 수 없다[서울=뉴시스, 강세훈 조현아 한상연 심동준 기자, 2015.8.20.].

- 금융시장 불안 요인

한국 금융시장은 국내외 쇼크에 최고조의 불안정성을 보인 반면 미국 유럽 금융시장은 한국발 쇼크보다는 중국 및 자국 발 쇼크에 큰 변동성을 보였다.

뉴욕 증시가 '중국'과 '금리'라는 두 가지 거대 불확실성에 2% 넘게 급락했다. 위안화 평가절하로 촉발된 중국 경기 둔화에 대한 우려는 글로벌 경기 부진에 대한 우려로 확대됐다. 금리 인상 시기에 대한 불확실성은 미국 경기회복에 대한 의구심으로 이어지며 지수를 끌어내렸다.

뉴욕 증시에서 스탠다드앤푸어스(S&P)500 지수는 20일(현지시간) 전날보다 43.88포인트(2.11%) 급락한 2035.73을 기록했다. 다우 지수는 358.04포인트(2.06%) 급락한 1만6990.69로 거래를 마쳤다. 나스닥 역시 141.56포인트(2.82%) 폭락한 4877.49로 마감했다. 이날 하락률은 2014년 4월 이후 최대다. S&P와 다우 지수 모두 2014년 2월 3일 이후 최악의 하루를 기록했다.

이 같은 분위기는 중국과 연방준비제도(Fed, 연준), 6년 만에 최저치를 기록한 유가 때문이다.

지난 주 중국 위안화 평가절하 이후 지속되고 있는 신흥국의 환율 불안은 경기 둔화 우려로 확산되는 모양새다. 신흥시장을 둘러싼 불확실성이 연준의 금리인상 시점과 같은 거시경제 불확실성과 맞물려 있다. 신흥시장의 불안이 선진국으로까지 확산되는 추세다.

유가와 지정학적 문제는 증시에 실질적인 영향을 주고 있다. 세계 경제성장률이 둔화되고 있고 이는 미국에도 영향을 미치고 있다.

이날 급락으로 S&P500 지수는 연초 대비 1.1% 하락세를 기록하게 됐고 종목 대부분은 200일 평균 이동선 아래로 하락했다. 다우지수 역시 지난해 10월 29일 이후 처음으로 1만7000선이 붕괴됐고 연간 기준 4.5% 하락했다. 나스닥 지수 역시 지난해 10월 이후 처음으로 200일 평균 이동선 아래로 떨어졌다.

유가와 중국 위안화 하락에 이어 카자흐스탄과 베트남 통화도 평가 절하됐다. 글로벌 금융시장의 불안전성이 최대 화두가 되고 있다.

미국 내부의 불확실성도 증시 하락에 일조했다. 주범은 역시 연준의 금리인상 시점이다. 투자자들은 연준에 대해 우려하고 있다. 연준이 금리 인상을 통해 미국 경제가 나아지고 있다는 점을 확인시켜 주길 원하고 있다.

이런 시장의 기대와는 달리 전날 공개된 연방공개시장위원회

(FOMC) 의사록은 투자자들에게 확신을 주지 못했다. 연준 정책위원들은 미국의 현재 경기 상황을 '금리를 인상할 수 있는 시점에 근접하고 있지만 아직 제반 여건이 충족된 것은 아니라고 평가했다.

국제 유가의 움직임도 불안감을 확산시켰다. 이날 서부텍사스산 원유(WTI) 가격은 올해 첫 발생한 허리케인 영향으로 소폭 상승했지만 하락 추세가 이어질 것이란 전망에는 변화가 없는 상황이다.

에너지 가격에 따라 지수가 움직이는 상황이 지속되고 있는 것이다. 이런 상황에서 빠져 나오기 쉽지 않아 보인다[머니투데이, 2015.8.21.뉴욕=서명훈 특파원].

- 증권 시장의 불안정

미국 금리 인상과 중국 경기 둔화 우려로 글로벌 금융시장의 불확실성이 이어지는 가운데 대외 변수에 민감한 국내 증시의 조정도 깊어지고 있다. 특히 외국인의 자금 이탈 속에 지수 변동성이 4년 만에 최고치를 기록하는 등 변동성을 키워나가는 모습이다[서울=연합뉴스 장하나 기자, 2015.9.7.].

유가증권시장(코스피)의 이달 평균 일중 지수 변동성은 1.65%로, 2011년 11월(1.65%) 이후로 3년9개월 만에 최고치를 기록했다. **지**

난달 평균 일중 지수 변동성도 1.52%**나 됐다**. 일중 지수 변동성은 당일 고가와 저가의 차를 고가와 저가의 평균값으로 나눈 것으로, 당일 평균치에서 위아래로 지수가 얼마나 요동쳤는지를 보여준다 [2015년 9월 4일 기준 한국거래소 분석].

중국 증시 폭락의 쇼크로 지난달 24일 코스피가 장중 1,800.75까지 밀리며 고점(1,872.86) 대비 70포인트 하락하는 등 대외 변수에 크게 출렁이는 탓이다.

코스닥시장 역시 이달 평균 일중 지수 변동성은 3.21%로, 지난 2011년 8월(3.49%) 이후 4년 만에 최고치를 기록했다. **지난달 지수 변동성은** 2.86%**로, 지난** 1~7**월 평균**(1.34%)**의** 2**배가 넘었다**.

이처럼 증시가 냉·온탕을 급격히 오가는 가운데 '공포지수'로 불리는 **코스피**200 **변동성 지수**(VKOSPI)**는 지난** 4**일** 22.74**를 나타냈다. 이는** 8**월 초와 비교하면** 67.95% **오른 수치다**. 지난달 24일에는 VKOSPI가 28.58을 기록하며 3년8개월여 만에 최고치를 기록하기도 했다.

VKOSPI는 코스피200 옵션 가격을 토대로 한 달 뒤 지수가 얼마나 변동할지를 예측하는 지표로, 보통 코스피가 급락할 때 반대로 급등하는 특성이 있다.

한국 증시는 9월 미국 연준 금리 결정을 앞두고 방향성을 나타내지 못하고 여전히 높은 변동성을 보이고 있다. 금리 인상 자체보다는 시기에 대한 불확실성으로 투자의 방향성을 찾지 못하는 상황이다.

증시의 '시계제로' 상황이 계속되면서 거래대금이 급감하는 등 시장의 관망세는 짙어지고 있다.

19. 은행의 비효율과 불안정

– 은행의 방만한 경영실태

KB국민은행은 자산 286조원에 2800만명의 고객을 보유한 국내 최대 은행이다. 그동안 쌓여 온 비리와 부실, 불통과 비효율이 한꺼번에 터져 나오면서 큰 수술을 받아야 할 처지다. 2001년 11월 국민은행과 주택은행의 합병으로 통합 국민은행이 출범한 지 만 12년. 오랜 낙하산 인사와 내부 파벌싸움, 리더십 부재 등이 키운 국민은행의 위기는 다른 기업에도 시사한 바 크다[서울신문, 이민영 기자, 2013.11.28].

국민은행은 다른 은행들보다 'CEO(최고경영자) 리스크'에 흔들리는 경우가 많았다. 2008년 KB금융지주 출범 당시 강정원 행장과 황영기 회장의 불협화음, 뒤이은 불명예 퇴진이 대표적이다. 이명박 전 대통령의 최측근으로 '4대 천왕'으로 꼽힌 어윤대 전 회장 등도 낙하산 논란을 불렀다. 국민은행 내부에서는 반복된 낙하산 인사가 문제의 시발점이라고 보는 시각이 우세하다. "금융지주 출범 후 KB 금융과 은행이 낙하산의 놀이터가 됐고 관치가 득세하면서 한국금융은 퇴보했다.

계속된 낙하산 인사는 조직 내부 통제력의 약화로 이어졌다. 낙하산 인사로 인해 사기가 저하되고 조직의 기강이 해이해지면서 동시다발적으로 비리와 부실이 발생했다. 오랫동안 쌓여 온 관치금융의 산물이다.

국민은행과 주택은행의 대등 합병 이후 쌓여 온 파벌 다툼과 그로 인한 주인의식이 없는 조직문화도 문제다. 국민은행에서는 '국민 출신'끼리, '주택 출신'끼리만 통한다는 게 정설이다. "KB는 CEO가 바뀌면 직원의 80%가 자리를 이동해 조직 운용의 장기적 비전이 없었다. 그러다 보니 주인의식을 갖고 업무에 충실하기보다는 사내 정치에 급급하게 되고 한탕주의 풍조가 발생하는 등 악순환이 계속됐다. 국민은행은 시중은행 중 가장 늦게 민영화돼 공공기관 특유의 방만한 문화가 다른 은행들보다 강하다.

국민은행 내부에서는 신한이나 하나은행같이 강력한 리더십이 없다는 점을 현 사태의 원인으로 보기도 한다. 신한이나 하나는 늦게 시작한 만큼 특유의 파이팅 기질이 있지만, 국민은행은 오랫동안 무사안일주의에 빠져 있는 점도 문제다.

국민은행의 상황은 결코 녹록치 않다. 근본적인 시스템 개혁이 이뤄지지 않는 한 사태 해결 노력은 공염불에 그칠 것이다. 지배구조와 내부통제에 대한 명확히 정리돼 있지 않고 내부 구성원들이나 외부 고객들을 설득할 수 있을 지도 미지수다. 감사 부서는 부실 사태나 위법 적발에 한계가 있다. 은행장이 직접 책임지는 준법감시부에서 비리문제를 책임지고 통제하기에는 역부족이다[서울신문, 이민영 기자, 2013.11.28.].

현재 한국 금융 산업은 국제경쟁력과 시장 역동성을 상실한지 오래됐다. 금융기관 간 경쟁과 혁신이 턱 없이 부족하고 우물 안 개구리 식 안방 경영이 여전히 반복되고 있는 실정이다. 경쟁과 혁신에 기반을 두고 금융 산업의 틀을 근본적으로 바꾸는 금융개혁이 필요하지만 실천은 없고 이행은 늑장을 부리고 있으며 정부 당국은 시늉만 내고 있다. 임기응변의 처방만 되풀이 하고 있다.

20. 신흥국의 대량 자본유출과 환율 폭등

텍사스에서 활동하는 헤지펀드매니저 마크 하트는 미 주택시장 붕괴와 그리스 디폴트 가능성에 돈을 걸어 '잭팟'을 터뜨린 인물이다. 그런 그가 차기 투자처로 물색한 대상은 다름 아닌 중국 위안화다[서울=뉴스1, 장안나 기자, 2015.9.27.].

하트는 "인민은행이 지난 8월 달러화 대비 위안화 가치를 4.6% 떨어뜨린 미니 평가절하는 '애피타이저'에 불과하다"고 말한다. **미 연방준비제도이사회가 금리정상화를 개시하면 외인자금이 썰물처럼 빠지며 위안화 가치가 무려 50% 폭락할 것으로 보기 때문이다.**

최근 위안화 약세에 베팅하는 투자자가 늘고 있다. 미국 경기회복에 따른 달러화 강세가 중국을 비롯한 신흥국 통화에 엄청난 타격을 가하리라는 판단에서다. 연준이 금리인상을 하면 이탈 속도는 한층 빨라질 전망이다.

위안화 가치의 폭락 여파는 금세 한국 · 터키 · 브라질 등 신흥국 통화 전반으로 퍼지며 결국 글로벌 전체에 타격을 줄 수 있다. 팽창된 신용은 결국 터지게 마련이며 외인자금이 중국에서 이탈하면 1997년 아시아 외환위기가 재연될 수 있다.

실제로 중국 · 브라질 · 터키 등의 고금리 자산을 찾아온 수조달러대 캐리트레이드 자금이 빠른 속도로 빠져나가고 있다. 지난 10년간 선진국 통화완화 정책으로 풀린 3조 달러(약 3582조원)의 달러 자금이 신흥국으로 유입됐다[파이이코노믹스 조사]. 그 중 2조 달러가 중국으로 들어왔다고 평가한다.

헤지펀드매니저들은 **신흥시장에서 캐리트레이드 청산이 이루어지고 있다**고 진단했다. 펀드매니저들은 **중국이 1997년 아시아국가에 발생한 대규모 자금이탈을 겪고 있다**고 진단했다. 국제결제은행 자료를 보면 실제로 올해 첫 분기에 100억 달러가 중국 은행권에서 빠져나갔다.

중국이 자본이탈에 취약하다. 중국 외환 중 환투기 방어에 쓸 수 있는 돈은 전체의 20% 정도에 불과하다. 이는 브라질 · 터키 · 남아공과 비슷한 수준이다[프루덴셜그룹 채권팀 보고서].

중국의 주요 교역국 통화가 약세인 점도 위안화 추가 절하 신호로 본다. 일본 엔화 가치는 2012년 이후 달러화 대비 60% 떨어졌고 한국 원화와 대만 달러화도 1년 새 10% 넘게 하락했다.

21. 은행지주회사의 수익성, 자본적정성

은행지주회사의 국제결제은행(BIS) 기준 총자본비율은 2014년 9월 말 13.90%로 양호한 수준이다. 은행지주사의 3분기 말(9월 말) 현재 BIS기준 총자본비율은 2분기 말에 비해 0.04%포인트 상승한 13.90%에 달했다[서울=뉴시스, 장진복 기자, 2014.12.07/ 금융감독원].

기본자본 비율은 0.06%포인트 오른 11.51%, 보통주자본비율은 0.12%포인트 상승한 10.75%를 기록했다. 이익잉여금(1조8000억원), 유상증자(7000억원), 자본증권 발행(6000억원) 등으로 총자본이 3조 5000억원 증가하면서 자본비율이 상승했다.

은행지주회사별로는 SC지주(16.28%)의 총자본비율이 가장 높고, 하나지주(12.48%)가 상대적으로 낮은 수준을 나타냈다. 농협지주는 원화대출금 증가(4조4000억원) 등으로 위험가중자산이 증가하면서 총자본비율(13.92%)이 0.54%포인트 하락했다.

은행지주회사의 수익성이 점차 개선되고 자본 확충을 통해 자본 적정성이 향상되면서 자본비율은 양호한 수준을 나타내고 있다. 은행지주회사들은 앞으로도 배당계획, 자본증권 발행 등 장기적인 관점에서 자본계획을 수립해 안정적인 자본적정성을 유지하도록 노력할 것으로 보인다[서울=뉴시스, 장진복 기자, 2014.12.07/ 금융감독원].

최근 들어서 저금리 · 저성장 시대에 진입하고 있는 만큼 국내 시중은행들은 국내시장에서만 안주하지 않고 안정적인 수익원을 찾아 해외 진출에 박차를 가하고 있다. 2012**년 말 현재 국내은행들은** 32 **개국에** 139**개 점포를 운영하고 있다. 해외 점포의 총자산은** 690**억** 2000**만 달러에 이른다.** 국민 신한 우리 하나 등 4대 시중은행이 공격적인 해외 영업 마케팅을 벌이고 있다. 신한은행은 15개국에 지점 법인 사무소 등 65개의 네트워크를 보유하고 있다.

우리은행도 17개국에 63개 네트워크를 갖고 있다. 국민은행은 도쿄 지점에 이어 지난해 일본 오사카지점을 개점했다. 하나은행은 중국 진출이 돋보인다. 하나은행이 세운 중국현지법인 하나은행중국유한공사는 연평균 자산성장률이 45%에 달할 정도로 고속 성장을 거듭하고 있다[한국일보, 2013.8.11].

그러나 국내 은행들이 가야 할 길이 아직 멀다. 자산은 늘고 있지만 수익성은 되레 떨어지고 있다. 지난해 말 국내은행 해외영업점의 당기순이익은 6억3620만달러로 전년(7억2160만달러)보다 11.8% 감소했다. **실제 국내 은행들이 활동하고 있는 동남아시장에서 자금 조달 규모 면에선 중국은행들에 뒤지고, 금리 부문에선 일본은행의 경쟁 상대가 되지 못하고 있다.**

국내 은행들은 중소형 프로젝트 파이낸싱 등 글로벌 은행들이 진출하지 않은 틈새시장을 개척하지도 못하고 있다. 국내은행들은 개발도상국의 중·소규모 은행부터 현지은행을 단계적으로 인수하는 등의 경영전략도 없다.

최근 1년 사이 국내 은행 점포가 전체의 5%에 해당하는 270개가 폐쇄됐다. 20곳 중 1곳 **꼴로 문을 닫은 셈이다.** 최근의 은행 점포 감축은 과거 외환위기 직후 5개 은행이 구조조정으로 사라진 이래 가장 규모가 크다. 점포 감축에 맞춰 은행원도 속속 짐을 싸고 있다. 500~600명이 줄어든 외국계 은행뿐 아니라 다른 시중은행에서도 100~200명 안팎씩 감소했다[서울=연합뉴스 안승섭 홍정규 기자, 2014.9.2].

국민·우리·신한·하나·농협·기업·외환·한국SC**·한국씨티 등** 9**개 시중은행의 국내 점포는 지난** 7**월 말 기준으로** 5**천**101**개다. 지난해** 6**월 말 이들 은행의 점포는** 5**천**370**개였다.** 1**년 만에** 269**개** (5.0%) **점포가 사라졌다.** 씨티은행이 203개에서 134개로 69개를 줄였고, 같은 외국계인 SC은행도 361개에서 311개로 50개 감축했다.

점포 감축은 한국계도 예외가 아니어서 하나은행이 650개를 607개로 43개 줄였고, 국민은행(1천198개→1천157개)과 신한은행(937개→896개)도 41개씩 줄였다.

은행들은 점포 축소보다 규모는 상대적으로 덜 하지만, 인력도 조금씩 줄이고 있다. 씨티은행은 이 기간 4천229명에서 3천587명으로 642명(15.2%), SC은행은 5천605명에서 5천146명으로 459명(8.2%)의 직원이 감소했다. 8천36명에서 7천829명으로 207명 줄어든 외환은행은 전날 외환카드 분사로 587명(7.3%)이 줄게 됐다. 이밖에 국민(2만1천572명→2만1천396명, -176명), 신한(1만4천650명→1만4천590명, -60명), 하나(9천400명→9천280명, -120명)은행도 직원이 줄었다.

최근 1년간 꾸준히 이뤄진 점포·인력 구조조정은 1997년 외환위기 이후 은행권에 불어 닥친 구조조정 이후 가장 규모가 크다. **대동·동화·동남·경기·충청 등 5개 군소 은행이 한꺼번에 퇴출당하면서 1997년 말 7천643개인 은행 점포는 1998년 말 6천662개로 981개(12.8%) 감소했다. 당시 은행원도 11만4천619명에서 7만5천604명으로 3만9천15명(33.7%)이 줄어든 바 있다.**

은행권의 점포·인력 축소는 비용 절감과 금융 환경의 변화 등 두 가지 측면에서 배경을 찾을 수 있다. 국민(국민+주택), 우리(상업

+한일), 신한(신한+조흥), 하나(하나+서울+보람) 등 **주요 시중은행은 과거 인수 · 합병에도 점포와 인력을 그에 맞춰 줄이지는 않았다. 그러다 보니 같은 상권에 점포가 중복되는 현상이 나타났고, 건물 임대료 등을 부담하게 된 은행들이 수익성 저하에 대응하려고 비용 절감에 나선 것이다.**

금융 환경 변화도 감축 요인이다. 오프라인 영업이 온라인 영업으로, 최근에는 스마트폰 활용으로 바뀌면서 많은 인력을 유지해야 할 필요성이 줄어든 것이다. 자동화기기(CD · ATM)가 널리 보급되고 맞벌이 부부가 늘면서 실제로 은행 영업 시간대에 창구를 찾는 발길도 뜸해졌다.

2014년 6월 기준 입출금 · 이체는 인터넷뱅킹(스마트폰뱅킹 포함)과 CD · ATM에서 75.5%가 이뤄졌다. 창구 거래는 11.2%로, 텔레뱅킹(13.3%)에도 못 미쳤다. 최근 추세로 볼 때, 단순히 창구 거래 비중만 따지면 점포와 인력은 현재의 절반 이하로 줄이는 게 효율성 측면에서 타당하다는 진단이 나오고 있다[서울=연합뉴스 안승섭 홍정규 기자, 2014.9.2].

22. 국책은행 발 시장왜곡이 부른 금융 불안

산업은행의 지주회사인 산은금융지주가 올 상반기에 적자를 4336억원 냈다. 작년 상반기 5513억원 흑자와 비교하면 1년 새 1조원 가까이 실적이 악화된 것이다. 지난 2000년 외환위기 영향으로 1조3000억여원 적자를 낸 이후 13년 만의 일이다.

산은의 대규모 적자는 대기업 구조조정의 여파다. 경기 침체로 건설, 조선, 해운 등 업종에서 부실기업이 속출하면서 산은은 대규모 손실을 봤기 때문이다[조선일보, 2013.9.17].

산은은 올 상반기 STX그룹이 자율 협약(느슨한 워크아웃)에 들어가면서 부실 대출이 늘어나 대손충당금(대출금이 회수되지 않을 것에 대비한 자금)과 회사채 손실 등으로 8000억원이 넘는 손해를 떠안았다.

상반기 10개 은행계 금융지주회사가 적립한 대손충당금 1조2000억원의 60%가 넘는다. **산은이 부실기업 하치장처럼 됐다**. 적자는 진작에 예고됐던 것이라 별로 놀라울 것도 없다. 문제는 하반기에 대기업 구조조정이 늘어나면 적자 폭이 커질 가능성이다. 올해 1조원대 적자를 기록할 것이라는 예상이다.

2013년 상반기 다른 금융지주사들도 실적이 악화되긴 했지만, 산은의 추락은 두드러진다. 상반기 10개 은행지주사의 순이익은 지난해 같은 기간(3조8201억원)보다 62.3% 감소한 2조3134억원에 그쳤다.

그래도 신한금융지주는 1조722억원, KB금융지주는 6018억원 순이익을 냈다. 하나금융지주와 우리금융지주는 작년 상반기보다 순익이 70% 이상 줄었지만, 각각 순이익 3350억원과 2300억원을 냈다.

산은의 실적 악화는 대기업 구조조정마다 거의 빠짐없이 채권단에 속해 출자 전환, 신규 자금 지원 등으로 출혈을 하고 있는 것이 가장 큰 요인이다.

산은이 순수한 국책은행도 아니고, 그렇다고 상업은행도 아닌 특수은행이면서도 리스크 관리가 제대로 되지 않는 측면이 독일의 공영은행의 운영방식과는 천지 차이다. 정부의 요구로 부실기업을 지원하는 경우도 많을 것이 한국 금융의 현실이다.

이러다 보니 산은이 떠안고 있는 부실기업 리스트는 매년 길어지고 있다. 산은이 거느린 구조조정 대상 기업들의 자산은 총 48조 5000억여원으로, 자산 기준 재계 서열로 따지면 12위에 해당할 정도다.

아시아나항공, STX조선해양 등 2개사는 산은이 주 채권 은행으로 채권단을 이끌고 자율 협약을 진행 중인데, 두 회사의 자산 규모가 19조6000억원에 이른다. STX그룹 계열사인 (주)STX, STX중공업, STX엔진 등 3개사도 자율 협약 명단에 곧 이름을 올린다.

워크아웃 기업은 9개에 이른다. 금호산업, 금호타이어, 국제종합기계, 대한조선, 21세기조선, 오리엔탈정공, 현대시멘트 등이다. 이들의 자산 합계가 8조9000억원 정도다. KDB생명(옛 금호생명)과 대우건설은 산은이 주도해서 만든 일종의 펀드가 보유하고 있다. 두 회사의 자산 규모를 합치면 20조원이다.

산은이 최근 들어 유독 다른 시중은행들보다 부실기업의 주 채권은행이 되는 비율이 높아진 것은 국책은행으로 '시장의 안전판' 역할 다시 말해서 금융 불안정을 차단하기 위해 벌어지는 불가피한 정부 고육책이다.

다른 은행들이 부실 징후 기업에서 대출을 회수하면, 산은이 그런 기업에 대출을 해주면서 부실기업의 주 채권 은행이 되는 경우가 많다. 산은은 국책은행이라 시중은행들처럼 비가 올 때 우산을 뺏지 못한다는 것이다.

산업은행은 국책은행이라 어느 정도 감수해야 하지만, 경기 침체가 길어지면 산은이 부축해 주고 있는 부실 징후 기업들이 부실에 빠지게 돼 산은의 부담이 커지는 악순환이 계속되고 있다.

게다가 산은은 내년 7월에 정책금융공사(정금공)와 통합하면 재정 상태가 더 악화될 가능성이다. 국책은행의 역할을 넘길 예정이었던 정금공은 자산 70조원 중에 15조원이 무수익 자산(공기업 주식)이다. 산은이 정금공을 합병하면 무수익 자산에 대한 이자를 매년 6000억원 정도 부담해야 한다.

산은은 아직까지는 부실기업 처리가 크게 부담이 되지는 않는다는 입장이다. 지난 6월 기준으로 산은의 총자본금은 17조7000억원이다. 정부가 출자한 자본금이 9조2500억원 정도고, 지난 2001년 이후 작년까지 매년 1조원대 순익을 거둬 쌓아놓은 이익잉여금이 7조9000억원 정도다[조선일보, 2013.9.17].

산은은 적자가 날 경우 이익잉여금으로 충당하고, 최악에는 잉여금을 모두 쓰게 되면 정부가 지원을 하게 된다. 하지만 외환위기 당시 자본금 3조원을 단번에 까먹고, 정부의 증자금으로 연명했던 경력을 감안하면 그런 일이 또다시 발생하지 않으리라는 보장은 없다. 산은이 부실기업을 떠안아 문제 생기면 정부가 자본금을 추가해야 하고, 결국 국민의 부담으로 돌아오게 된다.

정부가 살릴 기업을 정해서 산은에 지원을 강요하는 상황이 더 이상 계속 되는 것을 막아야 하지만 한국 금융과 정치 현실은 허용하지 않는 것 같다. 한국 금융의 선진화는 100년은 기다려야 가능할까?

한국처럼 정부가 산업은행을 통해 민간경제에 깊숙이 개입하고 있는 나라는 구미 선진국 중 단 한 나라도 없다. 국책은행 발 시장 왜곡구조화는 금융 불안의 내재화 내지 심화요인이 된다고 본다.

23. 금융 왜곡과 금융후진성은 금융 불안정과 비효율성 유발

어느 나라이든 금융정책은 금융질서 확립, 금융시스템 안정. 금융서비스업 경쟁력 강화 등이 최우선 순위의 목표를 둔다. 한국금융은 2013년 동양 사태, 2014년 초 고객정보 대량 유출, 무분별한 초대형 대출 사고, 임직원 불법 및 사기 영업 등이 금융권 신뢰를 크게 떨어뜨렸다. 한 번 떨어진 신뢰 회복을 만회하는 것은 시간이 많이 걸린다. 신뢰를 갖지 못하면 당국이 금융질서 확립에 모든 역량을 집중해도 헛된 노력으로 끝나고 금융의 자금배분기능이 크게 왜곡된 체 자원을 비효율적으로 배분하고 생산의 효율성을 떨어뜨린다.

한국금융은 1**천조 원을 넘어선 가계 부채**, 경기 부진에 따른 **대기업의 부실이 금융시장의 불안을 야기하는 사태**를 사전에 차단하는 것도 당면한 과제다. 서민계층과 취약계층의 소득 및 부의 향상을 위한 연금 상품 개발, 각종 금융 규제 개선 및 경쟁 촉진 등을 통한 금융 산업의 경쟁력을 강화하는 방안도 한국금융이 직면한 과제다[서울=연합뉴스, 김태종 기자, 2014.2.20/ 금융위원회].

- 상호금융사조합 부실

올해 6월 기준 169개 상호금융조합이 금융당국으로부터 적기 시정 조치를 받았다. 신협, 농·수협, 새마을금고 등 전국 3672개 상호금융사 단위조합이 있음을 감안하면 4.6% 가량이 경영 부실이다 [금융감독원 제출 자료; 상호금융조합 관리·감독 현황].

기관별로는 신협 단위조합 135곳이 적기 시정 조치를 받아 가장 많았으며, 수협 20곳, 산림조합 8곳, 농협 6곳 등이다.

적기 시정 조치는 금융사의 국제결제은행(BIS) 기준 자본비율 등을 고려해 일정 등급 이하로 내려가면 금융당국이 단계적으로 시정 조치를 내리는 제도다. 현재 BIS 비율이 8% 아래이면 경영개선권고를, 6% 이내이면 경영개선요구를, 2% 이내인 경우에는 경영개선명령 조치를 내리고 있다[파이낸셜뉴스, 성초롱 기자, 2015.9.27.].

– 한국 금융의 실상

한국 경제는 경제지표 등 통계치로 따지는 하드웨어는 선진국 수준에 도달했다고 할 수 있지만 소프트웨어가 이를 따라잡지 못하고 있는 것이 한국경제의 실상이다.

한국 금융시장 성숙도 순위가 조사대상 140개국 가운데 올해 87위다[세계경제포럼(WEF)]. 한국의 금융시장 성숙도(Financial market development) 순위가 87위로 거의 낙제 수준이다[중앙일보, 조민근 기자, 2015.9.30].

은행 건전성 113위, 대출의 용이성 119위, 금융서비스 이용 가능성 99위 등도 낙제 수준이다. 벤처자본의 이용 가능성은 86위, 증권거래 관련 규제는 78위다.

절대적인 순위나 방향성 등 측면에서 한국은 금융 후진국이다. 특히 올해 한국의 순위는 우간다(81위)나 나이지리아(79위), 가나(76위) 등 아프리카 국가나 인도네시아(49위) 등 개발도상국보다 낮다[서울=연합뉴스 박용주 기자, 2015.9.30].

이 같은 혹평에 대해 금융위원회가 세계경제포럼(WEF)의 평가 결과를 공식 반박했다. 금융위원회는 한국 금융의 현 상황을 보여주는 객관적 지표들은 WEF 평가 결과보다 양호한 수준이라고 밝혔다[금융위원회; 'WEF의 금융부분 평가 관련' 보도 참고 자료/ 서울=연합뉴스 박용주 기자, 2015.9.30].

유사한 평가를 하는 스위스 국제경영개발연구원(IMD)의 한국 금융부문 경쟁력 순위는 33위다. 두 기관 사이에 순위가 이처럼 차이가 나는 점에 대해 IMD는 기업 CEO뿐 아니라 금융인, 주한 외국계기업이 설문대상이 더 넓기 때문이라고 한국 금융위원회는 주장한다.

금융위원회가 반박하는 근거들은 다음과 같다.

(1) 우선 WEF 평가가 자국 기업인 대상의 설문조사 위주로 구성돼 만족도 조사 성격이 강하기 때문에 국가 간 객관적 비교에 한계가 있다는 점이 비판 대상이다.

일례로 세부지표인 은행 건전성 항목에서 한국은 113위를 기록했는데, 객관적 지표가 아닌 단순한 설문에 의존한 결과이다.

하지만 국제결제은행(BIS) 자기자본 비율이나 부실채권비율 등을 보면 한국은 세계 주요국과 비교해도 상당히 양호한 수준이다.

(2) 한국의 금융 경쟁력을 엿볼 수 있는 다른 지표를 들며 객관적 근거 부족을 반박하고 있다.

① 세계은행의 143개국 대상 **금융이용 가능도 지표**에 따르면 한국의 15**세 이상 인구 중 계좌보유비율**은 94.4%로 경제협력개발기구(OECD)의 94.0%보다 높다. 'WEF평가의 항목 중 금융서비스 이용 가능성'에서 한국은 99위를 기록했지만 계좌보유비율이나 신용카드 · 인터넷 결제 이용 비중에선 한국은 세계평균보다 훨씬 높은 수준을 기록하고 있다는 점을 들고 있다

② 미국 등 글로벌 은행보다 **국내 은행의 예금계좌 관련 수수료 비중도 낮다**. 일례로 한국의 은행들은 계좌관리 수수료를 받지 않고 있지만 씨티은행은 매월 1만~3만원을 받는다.

③ **주식시장 시가총액 규모는 1조2천억 달러로 세계 15위 수준이다.**

④ **대출의 용의 성 측면에서도 한국은** OECD **국가 대비 양호한 수준을 기록하고 있다.**

⑤ 국내 은행들의 BIS(**국제결제은행) 자기자본비율은 모두 경영실태평가 1등급 기준을 충족하고 있다.**

⑥ **외국인의 한국시장 증권 투자 규모는 508조2천억원에 달한다.**

ATM 대수나 은행 지점 수, 은행 계좌 보유비율과 증시 시가총액

등 여러 가지 금융관련 지표들을 종합적으로 국제 비교해볼 때 한국 금융시장의 성숙도 정도를 **우간다 등 후진국 및 개발도상국과 비교하는 것 자체가 부적절하다고 한국 금융위원회는 반박한다**.

그러나 한국의 경제 규모와 다른 분야 순위를 고려하면 턱없이 낮은 수준이다.

노사정 대타협을 계기로 정부가 구조개혁을 추진하지만 노동시장의 비효율성도 국가경쟁력을 갉아먹는 요인이다. 노사 간 협력은 132위로 최하위권에서 헤어나지 못했다.

또 정리해고 비용(117위), 고용 및 해고 관행(115위)이 100위권 바깥으로 벗어나 있는 등 고용 관련 항목의 순위가 전반적으로 부진했다.

조세정책이 근로 의욕을 얼마나 고취시킬 수 있는지 평가한 항목은 99위, 여성의 경제활동참가율은 91위로 하위권에 머물렀다.

임금결정의 유연성은 58위에서 66위로 순위가 떨어졌으나 보수 및 생산성은 36위에서 24위로 올랐다. 노동시장 효율성 순위는 2013년 78위에서 지난해 86위로 떨어졌다가 올해는 83위로 소폭(3계단) 올라서긴 했지만 여전히 갈 길이 먼 상황이다.

WEF는 노동시장의 경직성 해소와 금융 부문의 개선을 한국이 풀어야 할 우선 과제로 제시했다.

우리나라의 정부 시스템 등 제도적인 요소들(69위)도 여전히 전체 국가경쟁력을 떨어뜨리는 항목이다.

정부의 규제개혁 정책으로 법체계의 효율성 순위는 지난해 113위에서 올해 74위로 39계단이나 뛰어올랐다.

이 항목은 기업에서 규제가 불합리하다며 정부에 개선 건의를 했을 때 얼마나 효율적으로 바뀌는지를 평가한 것이다.

그러나 정부 규제가 실제로 부담되는 정도를 평가한 항목에선 2013년 95위에서 지난해 96위, 올해 97위로 3년 연속 순위가 하락했다.

특히 정부 정책결정의 투명성은 123위로 최하위 수준이다. 정치인에 대한 공공의 신뢰(94위), 공무원 의사결정의 편파성(80위), 정부 지출의 낭비(70위), 사법부 독립성(69위) 항목에서도 좋은 평가를 받지 못했다.

이밖에 기업경영윤리(95위), 기업 이사회의 유효성(120위)도 하위권에서 맴돌았다.

올해 평가에서 지적재산권 보호(68→52위), 투자자 보호(45→21위), 소액주주 보호(119→95위) 항목 순위는 상승했다[헤럴드경제=원승일 기자, 2015.9.30.].

– 한국, 우간다 수준 금융 경쟁력, 과연 말도 안 되는 이야기인가?

한국 금융의 후진성 실태 개관

금융시장	관권개입 정부개입	실물시장
금융기관	좌지우지 관치금융 금융 중개기능 왜곡	보호 지원 지시 개입 등 관치 실물경제, 자원배분기능왜곡
예금시장	공공기관, 대기업 중심, 편중	조선건조 등 실물시장
대출시장	대기업 중심, 편중, 가계부채	건설, 부동산 등 실물시장
채권시장	국공채 시장 장악 조종	철강 등 실물시장
주식시장	대기업 중심, 편중 장악	공기업 사회간접자본 투자시장
기업 M&A시장	국책은행 보유 기업 매물	은행 보유 기업 매물 대상 인수 합병
전체 평가	비효율, 결탁, 부정부패 불법행위 난무, 낙하산 인사, 신뢰 상실, 관치주도 운영	비효율, 결탁, 부정부패 불법행위 난무, 낙하산 인사, 신뢰 상실, 관치주도 운영

전문가들은 관치 금융의 폐해와 낙하산인사, 가계부채 등 국내 금융 산업의 경쟁력을 저해하는 요소들이 많은데다, 매년 평가 순위가 지속적으로 떨어지는 건 국내 금융업 경쟁력이 악화되는 현실을 반영하고 있어 무턱대고 외면할 수만은 없다고 반박하고 있다.

늘 국내 금융경쟁력을 말할 때 거론되던 우간다는 말할 것도 없고, 르완다나 나이지리아 역시 우리보다 한참 아래로 치는 아프리카 국가이고, 부탄은 히말라야 산맥 언저리에 있는 오지의 나라이다.

금융 당국으로서는 자존심이 상할 수밖에 없는 일이지만, WEF가 세계적으로 유명한 민간포럼이라는 점에서 간단히 무시할 수만도 없다.

특히 8개 평가 항목 중 낮은 순위를 기록한 항목은 금융서비스 이용가능성(99위)과 가격 적정성(89위), 대출의 용이성(119위)과 은행 건전성(113위)다. 법적 권리지수(63위)는 지난해보다 34위나 하락했다. 예삿일이 아닌 것이다.

– 조사 신뢰도에 문제 있다고?

금융위원회는 지난 30일 WEF 평가 결과에 대해 "조사 방식이 설문조사 위주이기 때문에 설득력이 떨어진다."는 해명자료를 내놨다.

WEF 평가는 세계은행(WB)의 '2014 기업환경평가 점수'를 그대로 반영해 올해 금융개혁 성과가 반영되지 않았고, 설문조사를 자국의 기업 최고경영자(CEO)들을 대상으로 하기 때문에 국가 간 객관적 비교에는 한계가 있다는 주장이다.

세부 항목별로 한국 금융의 현재 상황을 보여주는 객관적 지표들은 WEF 평과 결과에 비해 양호한 수준이며 금융서비스 이용가능성에서 계좌보유비율이나 무인화기기(ATM) 이용 출금비율 등은 경제협력개발기구(OECD) 평균을 크게 웃도는 양호한 수준이라는 것이다.

금융서비스 가격적정성 역시 국내 은행의 예금 계좌 수수료는 다른 나라 은행에 비해 낮은 편이고 대출 용이성도 OECD 국가 대비 양호한 수준이라고 강조했다.

하지만 단순히 금융업이 낙후돼 낮은 점수를 받은 게 아니라는 것을 주목할 필요가 있다. 경기 침체와 경제구조적인 왜곡 탓에 기업들이 느끼는 금융 환경이 어려워지면서 금융 산업에 대한 전반적인 평가가 내려갔을 수 있다는 것을 인식해야 한다.

현장에서 피부로 느끼는 기업들이 경기에 따라 답변 수위가 달라질 수 있고 훨씬 더 실감나는 진단과 평가를 할 수 있다는 점을 고려해야 한다. 물량 금융지표로 객관성을 운위할 것이 아니라 피부로 느끼는 기업들의 금융 성숙도를 수치로 나타낼 수 없는 생각도 의미 있는 평가 잣대라고 본다.

올해 저성장 국면이 심화되고, 중소기업들이 투자받기가 어려워지면서 금융에 대한 부정적인 시각이 강해졌을 수도 있다.

– 금융업의 위협 요소들

설문 조사 방식의 문제를 감안하더라도 순위가 거듭 하락하고 있다는 점은 큰 문제로 봐야 한다. '우간다 수준이다! 아니다!'를 논할 것이 아니라 선진국에서 볼 때 외부에 비쳐지는 국내 금융업의 경쟁력이 과거보다 약화되고 있다는 데 초점을 둬야 한다.

WEF 금융시장 성숙도 평가 순위는 2009년 58위에서 지난해 80위로 올해는 87위까지 떨어졌다.

전문가들은 아직도 이어지고 있는 관치 금융의 관행과 가계부채, 노령화 등 금융 산업의 경쟁력을 저해하는 위협 요소 등이 순위 하락에 영향을 미쳤다고 평가했을 것이란 것을 금융당국은 알 필요가 있다.

금융시장 성숙도는 금융서비스의 용이함보다 신뢰도나 정책 방향이라는 큰 틀에서 평가되는 문제이다. 낙하산 인사 척결이나 소비자 보호 등 과거부터 정부가 약속 했던 정책에 진전이 없다는 점에서 좋지 않은 결과가 나왔을 수 있다.

게다가 부정부패와 결탁 그리고 관치 금융 만연, 정부 마음대로 하는 행태 등을 생각해 보면 한국 금융이 후진국 수준에 있다고 말하는 것이 억지가 아니라는 점이다.

현재 당장은 국내 은행의 자본건전성이 양호할지 몰라도 외부 시각으로는 가계부채 탓에 금융업의 건전성이 위험하다고 판단하는 시선이 많을 수 있다. 기업금융 부문에서도 산업은행, 수출입은행, 기업은행, 수출입 은행, 사실상 정부소유로 바뀐 시중은행 등 국책은행 또는 공영은행의 부실이 커진 것도 평가에 악영향을 주었을 것으로 보인다.

금융당국은 국내 금융업을 바라보는 외부의 시각이 우호적이지 않다는 점을 겸허히 받아들일 필요가 있다. 스스로 우롱당하는 한국 금융을 자조하지 않고 자숙하며 개혁하는 태도야 말로 한국 금융이 발전할 수 있다고 본다.

금융 개혁을 규제개혁이나 금융사 지원이라는 작은 부분에서 더 나가서 신뢰도 회복이라는 큰 틀로 끌고 갈 필요가 있다.

국내 금융업의 수익성 악화와 이에 대해 정부가 적절한 대응 방안을 내놓지 못하고 있는 상황도 문제도 계속 숙제로 남아 있다.

노령화 문제는 전방위적으로 국민경제에 영향을 미치고 있다. 노령화는 금융기관 수익성이 낮아지고 있다는 근본적인 위험에 대해 정부에서 체계적인 대응이 없다는 평가가 많다.

시장에서의 불공정 행위와 소비자 보호가 제대로 안되고 있다는 응답도 높다. 올해 평가 결과에 금융개혁의 성취도가 반영되지 않았지만, 감독 체계를 밑바닥부터 바꾸는 근본적인 변화가 없다면 내년 평가 결과 역시 장담하기 힘들 것이다.

한국금융의 선진화는 선진국으로부터 점점 더 멀어질 것이다. 금융물량 지표들은 선진국 수준에 갈지 몰라도 실질 금융내용과 내실은 천박하기 그지없을 정도로 굴러갈지 모른다.

24. 글로벌 금융시장 불안 - 외화유동성 이탈 - 금융 불안

- 국내외화유동성의 대규모 이탈

글로벌 금융시장이 심히 불안하면 국내 외화 유동성이 급격히 이탈할 가능성이 매우 높다. 가장 대표적인 예가 최근 벌어진 미국 신용등급 강등과 유럽 재정위기 등의 쇼크는 한국 증시를 초토화 시킨 사실이다. 연일 폭락 장세를 맞았던 우리증시에서는 외국인이 5조원 이상을 순매도했고, 채권 보유 잔액도 2조원 이상 줄어들었다. **특히 지난 1일부터 12일까지 빠져나간 외국인 자금 중에서 미국계 자금이 9000억원으로 가장 크게 이탈했고, 프랑스계도 6000억 원 이상 사라졌다. 줄어든 채권 보유 잔액 가운데 절반에 가까운 8000억원 가량도 프랑스계가 순매도했다. 낙폭장의 표면적인 이유는 미국과 유럽의 재정위기에 있지만 가장 직접적인 원인은 갑자기 매도로 돌변한 외국인의 반응에 있다**[세계일보, 2011.8.15]. 국내 증시에서 외국인이 차지하는 비중이 높다는 사실은 익히 잘 알려진 사실이지만 다시 한 번 이들의 한국 탈출(Exit Korea) 러시가 직격탄을 날렸다.

우리 금융시장에서의 급격한 외화유출과 관련된 지표들이 이미 곳곳에서 우려스러운 징조들이 나타났다. 단기 외화자금 사정의 대표적 지표인 3개월 스와프 포인트는 계속 낮아졌다. 스와프 포인트란 외국인이 국내 은행에 일정 기간 달러를 맡기고 원화를 빌리는 비용이다. 이 포인트가 미국 신용등급 강등 직전인 지난 5일 6.75원에서 10일 6.5원으로 낮아졌다. 프랑스 신용등급 강등설이 나돌던 11일은 5원으로, 12일은 4.6원으로 폭락했다.

2008년 글로벌 금융위기 때는 마이너스를 기록했던 이 지표는 그만큼 시장에서 달러 구하기가 어려워졌다는 의미다. 이와 함께 신용부도 스왑(CDS) 프리미엄도 지난 12일 140bp기록(1bp=0.01%) 작년 6월11일 이후 최고치까지 올랐다. CDS는 채권을 발행한 기업이나 국가가 부도를 내더라도 원금을 돌려받을 수 있도록 보장한 파생상품으로, 위험도가 높아질수록 프리미엄이 커진다.

2011년 글로벌 금융위기에서 한국경제는 2008년 글로벌 금융위기에 비해 크게 개선된 대외채무조건과 증가한 외환보유고 등을 이유로 금융 불안 여파가 제한적일지 모르지만 급속한 외화유출은 금융 불안을 야기한다.

프랑스는 2011년 7월말 현재 원화채권 보유잔고가 4조원에 달하며, 프랑스의 한국 신용위험 노출액은 227억 유로, 원화로 35조원에 달 한다. 프랑스 자금이 한국을 이탈하기 시작하면 상당한 충격이 있을 수 있다. 이들은 또 리먼 브라더스 파산 때와 현재 한국 금융시장은 완전히 다르기 때문에 충격은 그때보다 제한적이지만, 프랑스 자금이탈로 시작해 유럽계 자금까지 동반 이탈 현상이 벌어지면 한국 채권금리 상승, 환율 상승을 크게 자극할 수 있다.우리나라 금융기관들의 유럽계 금융기관 차입 비중이 6월말 기준 36%에 이른다[세계일보, 2011.8.15].

- 증시폭락, 세계경제불안 - 국내의 금융 불안

세계주가의 폭락이 잦아지고 세계경제의 성장궤도 하향이 본격화되면서 유럽 재정위기가 확대되면 유럽 계 금융기관을 중심으로 급격한 자금회수가 일어날 수 있다.

최근 유럽의 주요 은행들에 대한 시장의 우려가 불거지고 일부 유동성에 문제가 발생하면서 향후 시장 악화에 대비하기 위한 유럽 은행들의 단기유동성 확보에 경쟁적이 될 경우, 또 한 번 신용경색이 심화될 수 있다.

2011년 글로벌 금융위기의 재발은 한국의 국가신용등급에 즉각적인 영향을 없겠지만 한국 외화유동성이 악화될 가능성은 충분히 발생할 수 있다. 미국에 이어 유럽 국가들의 신용등급이 하향 조정되면 선진국 투자자들이 신용 위험을 피해 유동성 확보에 나서면서 금융시장이 개방된 한국이 가장 먼저 민감하게 위기에 노출될 수 있다. 2008년 리먼 사태 당시처럼 국제 공조를 통해 원화를 외국통화와 교환하는 '통화 스와프'를 체결하는 방안을 마련해 두는 것은 사전 예방적인 안전장치가 될 수 있다. 글로벌 금융위기로 인해 한국은 그냥 앉아서 속수무책으로 당한다. 한국경제에 심각한 부작용을 낳을 수 있다.

글로벌 경제에 대한 위기감이 2011년 8**월 또 다시 증폭됐다. 유럽의 재정위기와 미국의 더블딥 우려에 더해 유럽과 미국 은행들의 재정건전성에 심각한 의문이 제기됐다. 특히 지난 주말 스위스내셔널뱅크**(SNB)**가 미국 중앙은행**(Fed)**에서 긴급자금** 2**억 달러를 조달하면서 유럽계 은행들의 자금난이 확인됐다.** 그러나 2008년처럼 정부가 구제금융 등에 쓸 실탄이 없다는 점에서 은행권의 자금난을 바라보는 시장의 눈은 불안했다[한국경제신문, 2011.8.21].

25. 한국 금융기관의 허약 체질이 부른 불안 요인

- 농업협동조합의 금융과 경제사업 분리

농업협동조합이 금융과 경제사업 분야로 나뉘면서 엉뚱하게 조합원인 농민들이 큰 피해를 볼 처지에 놓였다. 구조개편으로 농협이 공정거래법의 적용을 받게 됐는데 과징금만 수천억 원을 내야할 상황이다.

한 지역 농협의 영농 자재 매장이다. 농협중앙회가 자재를 일괄구매한 뒤 농민들에게 거의 구매원가로 팔기 때문에 시중보다 10% 가량 싸다. 물류비가 더 드는 외진 시골이라 하더라도 협동조합에선 구매원가로 판매하기 때문이다. 전국 하나로 마트에서 파는 공산품도 마찬가지다. 이런 방식으로 **전국의 144만 농가가 연간 92만 원가량의 비용 절감 혜택을 보는 것으로 추산하고 있다**.

지금까지는 중앙에서 그래도 많이 보탬이 되어줬는데 그런 게 다끊긴다면 실질적으로 피해가 간다. 그런데 2015년부터는 농민들이 협동조합의 이런저런 장점을 볼 수 없게 될지도 모른다. 농협의 사업구조 개편으로 경제지주가 분리되면, 공정거래법을 새로 적용받게 되기 때문이다. 지역 단위 농협은 각각 개별 법인이 되기 때문에 농협중앙회의 지원이 불공정거래나 부당지원으로 해석될 수 있다. 농협의 경우에도 법적 제도적으로 예외 규정이 마련되지 않는 한은 예외를 둘 수는 없다는 것이 공정거래위원회의 해석이다.

예상되는 공정위 과징금은 수천억 원으로 이는 고스란히 농민의 손해로 이어지게 된다. 최종적으로는 전체 농업 경영비용을 증가시켜 소비자 부담도 커질 전망이다[SBS, 2014.9.6].

- 증권업계 구조조정

불황이 길어지면서 증권사들도 문을 닫거나 인수·합병(M&A)을 하고 있다. 비엔지증권이 폐업하고 우리투자증권과 NH농협증권이 합병하게 되면 증권사수는 60개 아래로 떨어질 전망이다[서울=연합뉴스 김남권 기자, 2014.12.05].

두산그룹 계열사인 비엔지증권은 애초 매물로 나왔지만 결실을 못 보고 청산 절차를 밟았다. BNG증권은 지난 7월 주주총회를 열고 금융투자업 영업의 폐지를 결의하고 투자자 보호 절차를 밟았다.

앞서 애플투자증권도 지난 3월 증권업 불황을 이기지 못하고 폐업했다. 증권사가 자진 청산에 나서 폐업하는 것은 2004년 모아증권중개 이후 9년 만의 일이었다. 애플투자증권에 이어 비엔지증권까지 문을 닫으면 국내 증권사수는 60개로 내려간다. 우리투자증권과 NH농협증권이 합병해 이달 31일 NH투자증권으로 출범하면 국내 증권사는 59개가 된다.

허가제에서 등록제로의 전환과 자본시장통합법 시행 등으로 우후죽순 늘어난 증권사는 62개를 정점으로 감소세를 보일 전망이다. 옵션 주문실수로 거액의 손실을 낸 한맥투자증권은 연말까지 자본을 확충하지 못하면 파산할 것이다. 메리츠종금증권과 아이엠투자증권의 합병 가능성도 있다. 메리츠종금증권은 일단 인수 이후에도 아이엠투자증권과 합병 가능성이 끊임없이 흘러나온다.

증권사의 자체 구조조정에 더해 폐업과 M&A가 잇따르면서 증권사 임직원수도 하락세다. 9월 말 현재 증권사 임직원수는 2012년 4만3천91명에서 2013년 4만1천22명, 올해 3만7천26명으로 줄었다.

증권회사의 구조조정이 계속되고 있다. 2013년부터 본격화되기 시작한 구조조정 바람은 2014년 3분기에만 700명 이상의 증권직원들이 회사를 떠났다. 1년 전에 비해서는 4200여명의 증권직원들이 회사를 떠난 것으로 집계됐다[KBS, 정재우 기자, 2014.11.24/ 금융투자협회].

62개 증권사의 총 임직원은 2014년 9월 말 3만7026명으로 6월 말 대비 748명(2%) 감소했다. 직원 수가 748명 이상인 증권사가 17곳으로 줄었다.

1년 전인 작년 9월 말과 비교하면 증권사 임직원 총 4196명이 회사를 나갔다. 금융투자협회가 통계를 제공하는 2009년 이후 임직원이 4만4000명을 넘어서며 최고치를 기록했던 2011년 말에 비해서는 7043명이나 줄었다.

증권사별로 살펴보면 지난 3개월 동안 임직원을 가장 많이 줄인 곳은 현대증권으로 석 달 새 임직원 286명이 줄었다. HMC투자증권도 임직원이 206명이나 줄어 임직원 수 감소폭이 두드러졌다.

이들 외에 62개 증권사 중 40개 증권사에서 임직원이 줄었다. 대신증권(-39명), 대우증권(-26명), 한국투자증권(-25), 우리투자증권(-24), 유안타증권(-24) 등 대형사들도 대부분 인원감축을 통한 비용 줄이기에 나섰다.

연초부터 3분기까지 구조조정 바람이 계속되면서 증권사들이 올해 쓴 명예퇴직금만 2700억원에 달했다. 우리투자증권은 명예퇴직금 지출이 659억 원에 달했고, 삼성증권(465억원), 대신증권(345억원), HMC투자증권(309억원) 등이 뒤를 이었다.

지난해 증권사는 2002년 이후 처음으로 적자를 면치 못했다. 62개사 중 34개사, 절반이 넘는 증권사가 적자를 내면서 총 1098억원의 영업 손실을 기록했다. 하지만 올해는 다르다. 3분기 잠정 영업이익이 8145억원을 기록했고, 1분기부터 3분기 연속 영업이익을 내면서 3분기 누적 영업이익이 1조3950억원에 달했다. 59개사 중 46개사가 흑자, 13개사가 적자를 기록해 영업손실을 낸 증권사도 크게 줄었다. 지난해와는 180도 달라진 모습이다.

문제는 실질적인 이익의 질을 살펴보면 상황이 달라진다는 점이다. 3분기 채권관련 자기매매이익은 전분기대비 4313억원 늘어난 1조9360억원에 달했는데, 이는 기준금리 인하 등으로 채권금리가 떨어지면서 기존에 보유하고 있던 채권의 평가액이 늘어나면서 만들어진 이익이다. 반면 실질적으로 영업을 통해 얻은 이익이라고 할 수 있는 주식거래 수탁수수료 수익은 3분기 9015억원으로 지난해 같은 기간(7~9월) 수탁수수료 수익(8507억원)에 비해 6%(약 500억원) 가량 늘었을 뿐이다.

일해서 번 돈은 별로 안 늘고, 금리 인하 덕에 어부지리로 이익이 크게 늘어 실적이 대폭 개선됐다. 임직원 급여, 접대비 등의 비용이 포함된 판매관리비는 3분기 1조7774억원을 기록했는데, 이는 지난해 같은 기간 1조8469억원에 비해 700억원 가까이 줄어든 수치다.

이익이 급증했음에도 불구하고 증권사들이 판매관리비를 줄이면서 구조조정을 지속하고 있다. 이는 그만큼 근본적인 실적개선은 아직 이뤄지지 않고 있다고 볼 수 있다[KBS, 정재우 기자, 2014.11.24.].

- 자산운용 업계의 양극화

한국의 자산운용사들은 영업규모 상위 10개사가 전체 순이익의 77%를 차지하는 등 양극화가 심화되고 있다. 자산운용사 3곳 중 1곳은 적자를 시현했다. 2014년 1~9월 중 86개 자산운용사의 순이익은 2710억원으로 전년 동기(2343억원)보다 367억원(15.7%) 증가했다. 영업규모 상위 10개사가 전 자산운용사 순이익의 77%를 차지하는 반면 28개사는 적자를 시현했다. **영업규모 상위 10개사는 삼성 · 한화 · 미래 · 신한 · KB · 한투 · 교보 · 우리 · 하나UBS · NHCA 등이다**[서울=뉴시스, 장진복 기자, 2014.11.25/ 금융감독원].

영업규모 상위 10개사의 순이익은 전년 동기 대비 493억원(31.0%) 늘었다. 반면 중소형사는 KTB자산운용의 소송패소(486억원)분 반영 등으로 126억원(16.7%) 감소했다.

아울러 9월말 현재 **전체 자산운용사의 운용자산(펀드수탁고, 투자일임계약고)은 668조원으로 지난해 9월말(626조원) 대비 42조원(6.7%) 증가했다**. 특히 사모펀드(25조원)와 투자일임(15조원) 등 기관 투자자를 대상으로 하는 자산운용이 크게 늘었다. 투자일임은 지속적으로 증가해 전체 운용자산의 45%에 달했다. 자산운용사가 고유재산을 증권 등에 투자해 시현한 손익은 164억원으로 전년 동기(38억원) 대비 126억원(331.6%) 증가했다[서울=뉴시스, 장진복 기자; 2014.11.25./ 금융감독원].

- 투자자문사 절반이 적자 기록

투자자문사의 2013년 회계연도(2013년 4월~2014년 3월) 당기순이익은 307억원을 기록했다. 이는 전년대비 119%(167억원) 증가한 수준이다. 계약고 증가로 수수료 수익이 1060억원에서 1219억원 증가한 영향이 크다. 그러나 **이익 대부분이 소수 투자자문사에 집중됐다. 순이익 상위 10사의 당기순이익은 459억원이고 영업 점유율도 전체 자문사의 36%를 차지했다. 전체 투자자문사(140사)의 절반가량인 78개사가 적자를 기록했다.**

지난 3월말 투자자문회사의 총 계약고(일임, 자문)는 22조9000억원으로 지난해 3월말 보다 15.1%(3조원) 증가했다. 증권사 등과 체결한 투자일임계약이 1조7000억원 늘어났다. 이에 따라 수수료 수익이 증가하면서 영업수익도 2724억원으로 7.9% 증가했다. 수수료로 1219억원(45%), 고유재산 운용에서 1407억원(52%)의 수익을 벌어들였다.

한편 3월 말 투자자문사의 총자산은 6555억원으로 전년(6489억원) 대비 66억원 증가했다. 증권투자 비중이 48.5%로 전년(50.2%) 대비 소폭 하락한 반면 현금 및 예치금은 37.4%로 전년(33.1%) 대비 상승했다. 총부채는 743억원으로 전년(791억원)보다 6.1% 줄어들었다.

전업 투자자문사는 154**사로 지난해** 3**월말 대비** 3**개사가 줄었다.** 지난 1년간 16사가 신규 진입하고, 19사가 폐지됐다[이데일리 하지나 기자, 2014.5.23/ 금융감독원].

26. 기금 관리 실태

한 나라의 재정활동은 경기흐름 및 경제성장을 견인하고 촉진하는 매우 중요한 변수이다. 정부의 재정활동 중 예산을 통한 재정지출이 정상적인 통로이며 기금을 통한 재정 활동은 특별한 목적을 위해 사용하는 재정활동 통로이다. 그래서 기금은 흔히 제2의 예산으로 부른다.

과연 한국의 기금 운용실태는 어떨까. 정부가 운영하고 있는 각종 기금의 자산규모는 1,228조원(2013년 기준). 부채는 자산보다 207조 원 가량이 많은 1,435조원에 달한다.

지난 2008년 70% 초반 대였던 부채비율도 5년여 만에 117%까지 높아졌다. 64개 기금 중 12개는 부채가 자산보다 많은 이른바 깡통 기금이다[세종=김상훈기자, 서울경제, 2015.2.15].

이처럼 **정부기금의 부채가 급격히 늘어난 것은 개혁이 진행 중인 공무원연금과 군인연금 탓이 크다.** 2011년부터 나라 살림 장부에 복식부기가 적용되면서 충당부채가 더해지기 시작한 데다 2013년에는 충당부채 계산도 변경하면서 두 기금의 부채가 159조원이 늘었다.

그렇다고 연기금을 제외한 나머지 기금의 운영 실적이 좋은 것은 아니다. **공공자금관리기금**이 대표적이다. **공자기금이란 정부가 부족한 재정을 메우기 위해 발행한 국채와 타 기금에서 빌려온 돈으로 운영하는 기금이다.**

재정 당국이 필요에 따라 이곳저곳에 전용해 쓸 수 있는 탓에 기획재정부의 쌈짓돈으로 불린다. 공무원연금 다음으로 부채 규모가 큰 공자기금은 2008년 250조 원 가량이었던 부채가 2013년 기준으로 415조원까지 불어 있다. 역시 자산(412조원)보다 부채가 3조 원 가량 많다. **공자기금의 부채는 해마다 적게는 25조원에서 많게는 40조원씩 늘고 있다.**

기금 부채 증가는 재정상황이 녹록치 않은 정부가 기금을 복지재원으로 활용하거나 경기 부양에 활용한 측면이 크다. 기금은 국회의 촘촘한 감시를 받는 예산에 비해 감시가 덜한 데다 전체의 30% 가량을 부처에서 다른 용도로 전용할 수 있다.

기금의 부실은 단순히 운용상의 적자만이 문제가 아니다. 정부 출연금 외에 국민과 기업에서 거둔 부담금 등을 재원으로 하는 기금은 먼저 본 사람이 임자라는 비아냥거림을 받을 정도로 주먹구구식으로 운용하는 게 더 큰 문제다.

선진국에서도 도저히 상상할 수 없는 재정운용이다. 기금을 통한 재정지출이 정상적인 예산을 통해 정상적인 재정활동 목적으로 쓰여 지지 않는 한국 재정 활동 모습이다.

기본적으로 감시와 관리가 허술하다 보니 방만 운용은 물론 부정수급 비리가 끊이지 않고 있다. 최근 정부가 개선책을 마련하기로 한 **국고보조금 재원의 상당액이 각종 기금에서 나온다**[세종=김상훈기자, 서울경제, 2015.2.15].

27. 적정 환율은 경제를 순조롭게 움직이게 하는 균형 환율

경제란 거시변수들이 적정수준을 과도하게 이탈하면 많은 부작용과 불안을 야기한다. 그래서 거시변수의 대표적인 가격변수인 적정 환율은 국민경제와 경제주체의 경제활동에 중요한 의미를 가진다.

예를 들면 단기간에 외국인의 대규모 자금 유입으로 시중에 달러가 넘치면 원화가치가 가파르게 오르면서 급격한 환율하락이 일어나고 국내기업의 수출입에 큰 부담을 준다.

원화가치의 급격한 상승은 수출둔화와 함께 경기침체를 초래할 수 있고 안정적 경제성장에도 악영향을 끼칠 수 있다. 따라서 단기에 급격한 환율 하락의 부작용이 크다고 예상되는 경우 정부는 환율안정을 위해 대응한다.

2004년 후반 원화 값이 매우 빠르게 이상 급등하는 현상이 발생했다. 2002년 1250원에서 2003년 1180원으로 올랐고 특히 2004년 10월 중순 1150원, 11월 초순 1110원까지 가파르게 올라 상승폭이 3.5%에 달하는 한편 엔화 값은 같은 기간 109엔에서 106엔대로 올라 상승폭이 2.7%에 도달하였다.

이는 한국정부의 시장개입 자제와 위한화의 평가절상 예측, 엔화의 강세, 달러화의 역세 기조 계속 등이 원화 값을 부추겼던 것으로 진단한다[매일경제신문,04.11.08].

한국 정부의 외환수급대책은 외화표시 외국환평형기금채권을 발행해 시중에 넘치는 달러를 흡수하는 방법을 동원하거나 공기업 등의 외화차입을 자제시키고 외화부채를 조기에 상환을 유도하는 방법 그리고 은행의 외화부실채권을 성업공사가 매입하는 방안 및 국책은행 등을 통해 시중의 달러를 사들이는 시장개입 방법 등을 행사한다.

2007년의 경우, 한국 원화 값은 한국의 무역수지 동향에 의해 움직이기 보다는 국내 주가 동향과 미국 달러화의 가치 변화에 크게 흔들렸다. 특히 단기적으로 급등락을 반복하는 불안정 장세를 연출한 결과 실물경제에 부담을 가중시켰다. 미국 외환시장에서 유로화가 1.42달러를 넘는 등 최고 수준에 달함으로서 달러화 대비 원화

값이 추가 상승했다. 유로화 강세는 유럽 경기 요인에 있는 것이 아니라 달러 약세 요인 즉 미국 경제에 기인하였다.

미국의 주택경기 냉각으로 미국 경제가 침체에 빠질 염려가 높아지고 경기 하강을 막기 위해 추가 금리인하가 있을 것이란 기대가 글로벌 달러 약세를 부추겼다. 원화 값 상승의 국내 요인은 서울 외환시장에서 달러공급 우위 때문이었다.

수출업체의 달러 매도와 주식 관련 달러 매물 증가로 인한 달러 공급 우위도 달러 약세를 거들었다. 원화 값이 910원 선을 돌파 한 후에도 당국의 개입 의지가 보이지 않으면 800원대 진입도 예상하였다[매일경제, 2007.10.1.].

국내 채권금리는 9~10월 동안 계속 오른 반면 미국 국채 수익률은 내리막길을 걸었다. 특히 9월 28일 목표콜금리 0.5% 포인트 인상 후 CD 등 단기금리 상승폭이 아직 이에 미치지 못하기 때문에 장기적으로 더 오를 가능성이 높은 것으로 예상되었다.

그 밖에도 국내금리의 상승 요인으로는 소비심리 회복, 회사채 발행 증가와 채권투자 감소 등의 채권수급 불균형, 미국 정책금리 인하와 인플레이션 우려 등이 작용하였다.

당국은 급격한 환율 변동을 막기 위한 완만한 조정(smoothing operation)으로 기업이 적응할 수 있도록 시간을 벌어주고 거시경제 변수 값들이 적정 균형으로부터 심히 이탈하지 않도록 경제의 선순환 과정을 도와야 할 과제에 직면하고 있다[매일경제 사설 2009.10.1./2].

달러화의 약세가 계속 진행되면서 유로화가 새로운 세계 기축통화의 한 축으로 자리 잡아 가고 있다. 전 세계 외환보유액 화폐별 보유 비중을 보면 미국 달러화 1999년 70.98% 2007년 2분기 64.78% / 유로화 1999년 17.91% 2007년 2분기 25.62% / 일본 엔화 1999년 6.38% 2007년 2분기 2.81% / 영국 파운드화 1999년 2.48% 2007년 2분기 4.66% 등이다.

28. 금산분리의 애매한 제도는 후진적 금융 및 기업지배구조 조장

① 금산분리의 제도 불안정

금산분리 완화에 대한 제도적 장치는 은행법에 달려 있다. 법 개정안은 **산업자본의 은행 지분 소유 제한을 현행 4%에서 10%로 확대하자는 내용에 대한 논란이다. 논란의 핵심은 대기업의 은행 지분을 늘려주는데 모아지고 있다.**

그러나 이를 반대하는 측은 **재벌에게 은행 경영권을 넘겨주는 제도적 장치를 지원하는 셈이 된다고 주장한다.** 산업자본의 은행 지분 투자 제한을 늘리는 것은 사실상 '재벌들에게 은행을 인수할 수 있다'는 메시지를 주는 셈이라고 주장한다.

은행을 사고 싶어 했던 재벌들에게 이제 사도 법적으로 문제가 없다는 유혹을 부추길 수 있다. 재벌들은 문어발식으로 각종 사업을 거느리고 있는데 또 한 번 도약하는 기회를 얻을 수 있다는 것이다.

그러나 이 같은 주장은 오해에 불과하다고 반박한다. 한 기업이 10% 지분으로 은행 경영을 좌지우지할 수 있다고 보는 것은 무리며 과민반응이다. 오히려 은행 경영 효율화를 위한 재벌들의 탁월한 견제역할을 할 수 있을 것이라고 주장한다.

금산분리 완화주의자들은 가족기업과 재벌들이 국민경제를 지배하지 않고 있는 선진국의 사례를 들어가며 지금 금산분리 완화만이 한국 금융 산업을 부흥하는 적기라고 주장한다.

영국과 독일은 산업자본이 은행 지분을 대체로 10%까지 자유롭게 취득할 수 있다. 미국은 10~15%, 이탈리아는 15%까지 산업자본이 은행 주식을 보유할 수 있도록 법령으로 규정하고 있다.

산업자본의 은행 투자가 확대되면 글로벌 금융위기 극복에 도움이 된다는 주장이다. 81조원이 넘는 현금성 자산이 은행에 투자되면 은행의 대출 여력이 확대된다. 대출 여력이 확대되면 기업의 투자와 생산, 고용이 늘어나고 경기 회복을 빨이 이끌 수 있는 선순환 체계가 구축된다는 논리다.

반대 측은 오히려 경제위기를 초래할 수 있다고 혹평한다. **재벌**

이 은행을 경영하면 경쟁사나 중소기업에 대한 자금 공급이 줄어들 수밖에 없다. 자금 공급이 편중되면 그 부작용은 대출 여력 확대보다 훨씬 클 수 있다.

또한 재벌이 은행 경영권을 확보하면 세계적인 은행이 탄생할 수 있는 터전을 가로막을 수도 있다. 은행은 지속적인 자기자본 확충이 필요한데 재벌 자본만으로는 충당하기 힘들기 때문이다.

산업자본은 자사 계열 은행을 키우기 위해 국내는 물론 전 세계적으로 확대하는 데는 한계가 있다. **한국의 재벌들이 몇 개 기업 만을 제외하고 전 세계에 이름난 기업이 없다는 것만 보아도 알 수 있다.** 재벌들이 우선 제조 기업을 세계적인 유명기업으로 키우는데 전념해야 될 형편이다.

또한 대기업이 은행을 잘 경영할 것이란 보장도 없다. 1990년대 종합금융회사, 2000년대 LG카드 사태는 모두 대기업의 경영 실패로 인해 발생했고 국민 경제에 부담만 안겨줬다.

이러한 주장에 대해 기업의 부실이 은행으로 전이될 가능성은 크지 않다고 주장한다. 더욱이 대주주의 부실이 은행으로 직접 전염되는 것을 차단하기 위한 제도적 장치까지 정부가 마련돼 있다고 말한다.

재무 상태가 부실한 대주주에 대해 은행이 신규로 신용을 늘릴 수 없도록 하고 해당 대주주가 발행한 주식도 새롭게 취득할 수 없도록 제도화했다고 제도적인 장치 마련을 강조한다.

은행법 개정 시 정부는 산업자본 대주주에 대한 상시 모니터링을 강화할 수 있다고 주장한다. 모니터링 시스템은 '은행별 상시 모니터링 강화→대주주에 대한 자료 제출 요구→대주주에 대한 현장 점검 등 3단계를 밟는다'는 것이다.

만약 법안이 통과되면 반대 측은 소액주주들을 위해 세 가지 제도적 안전장치를 입법화를 요구한다.

먼저 피해를 본 한 **소액주주가 소송에서 이기면 다른 피해 주주도 똑같은 보상을 받을 수 있도록 하는 증권집단소송제의 요건 완화를 추진하는 것이다**.

또 가해자의 행위가 악의적이면 실제 손해액보다 세 배 이상 손해배상을 하는 **'징벌적손해배상제'**, 은행을 지배하는 재벌의 자회사가 은행에 손해를 끼칠 때도 재벌이 손해배상을 하게 하는 **'다중대표소송제' 도입**을 반드시 추진한다는 것이다.

② 미국의 금산분리 규제

미국 금융 감독 당국이 은행의 주식 소유제한 규정을 대폭 완화했다. 연방준비제도이사회(FRB)는 최근 은행의 지배주주로 인정받지 않으면서 취득할 수 있는 주식 소유 한도를 최대 33%로 확대했다. 이 가운데 의결권 있는 주식도 15%까지 소유할 수 있도록 했다.

기존에는 원칙적으로 지분의 10%를 초과하는 주식 소유자는 은행의 지배주주로 간주했다.

또 새로 마련한 규정에서는 의결권 있는 주식을 15% 이내로 갖고 있는 주주가 관계인을 2명까지 이사로 선임할 수 있도록 허용했다. 기존에는 1명만 가능했다.

아울러 종래에는 주식을 10% 이상 소유한 주주들이 경영진에 협의나 협박 등 경영에 영향을 미칠 수 있는 행위를 금지했으나 주주와 경영진 간의 논의가 가능하도록 허용했다.

FRB는 2008년 9월 19일 최근 시장에 몰아닥친 금융위기 극복을 위한 구제금융 방안을 마련하면서 지금까지 고수하던 은행 주식 소유한도 제한을 풀었다.

상당수 은행이 금융시장 불안 증폭 과정에서 손실 확대 등에 따른 자본 부족에 봉착하고 일부 예금인출 사태까지 맞으며 부실 우려가 확산되자 이 같은 결정을 내린 것으로 보인다.

이 같은 조치는 은행에 사모펀드, 연기금 등 유동성이 풍부한 자본의 참여를 유도하려는 의도다.

은행의 지배주주로 간주되면 국제결제은행(BIS) 자기자본비율 등 최저자본 규제와 같은 은행 건전성 규제를 준수해야 한다. 또한 **은행의 지배주주는 연방준비은행의 감독과 검사 대상이 된다**.

지금까지 헤지펀드 등 사모펀드는 자신들의 투자자와 투자전략을 공개해야 하는 부담을 떠안기 싫어 은행의 지배주주가 되는 것을 꺼려왔다.

월가에서는 워런 버핏의 버크셔 해서웨이가 골드만삭스에 50억 달러 투자하면서 은행 주식 소유 완화 기준을 처음 적용받은 것으로 보고 있다. 골드만삭스와 모건스탠리의 은행지주회사로의 전환 허용도 이에 맞춘 조치였다. 골드만삭스를 살리기 위해 은행 소유 한도를 푼 것이라는 비판론도 나온다.

유통업체의 공룡인 월마트는 최근 몇 년 동안 유사 은행 인수라는 우회 방식으로 은행업 진출에 안간힘을 써왔지만 반대 여론에

밀려 포기한 바 있다. 이번 규정 완화로 사모펀드 등 금융자본 외에 월마트 같은 유통업체와 GE 등 제조업체들도 은행업 진출에 보다 적극성을 보일 것으로 예상된다.

③ 금산분리 문제

금산분리 문제와 관련해 제2금융권에서의 금산분리와 은행권에서의 금산분리를 구별해 생각할 수 있다. 전자는 이미 대기업 계열 금융기관들이 증권, 보험, 카드, 투자회사 등에 진출해 있고 대기업 계열 금융회사들이 금융시장을 선도하고 있다.

금산분리 문제에서 후자가 중요한 과제이다. **은행권에서의 금산분리가 어려운 과제로 등장한 것은 은행이 전체 금융시스템에서 차지하는 비중이 굉장히 크고 한국경제에서 대기업이 제2금융권과 실물경제에서 차지하는 비중이 압도하는 배경을 갖고 있기 때문이다** [연합뉴스, 2008.1.23.].

전 세계에서 제2금융권에 금산분리를 요구하는 나라는 없다. 은행권은 전 세계 7개 국가에서 일부는 관행으로, 일부는 제도로 금산분리를 시행하고 있다.

한국에서 금산분리 해제를 당장 못하고 주저했던 가장 중요한 이유는 대기업집단의 지배 소유구조와 경영 및 총수들에 대한 국민들의 신뢰가 없기 때문이다.

출자총액제도를 푸는 문제와 인수합병(M&A) 방어책은 글로벌 기준과 시각에서 다루어야 한다. 대기업 집단, 특히 총수와 가족들의 행태는 도덕적 레벨까지는 몰라도 법적으로 잘못을 저지르는 것은 고쳐져야 하는 당연하다. 대통령 일가족 문제까지 포함해 법적인 잘못에 대해서는 법적으로 조치되도록 해야 한다.

④ 왜 금산분리 규제가 강화되어야 하는가?

한국의 금산분리 규제는 현재 한국경제에서 어느 수준에 와 있고 왜 금산분리 규제가 강화되어야 하는가 하는 문제는 현재 한국의 금융 산업과 비금융 산업을 지배하는 한국적 경제 상황 속에서 누리는 대기업구조와 경영, 지배소유구조 등의 실태를 전반적으로 고려해 보면서 금산분리 규제를 다루어야 한다.

가장 중요한 것은 금산분리 규제의 해제가 한국의 공정한 경쟁거래질서와 금융 시스템 및 경제 시스템 자체를 위협하고 위기를 초래할 수 있다는 점에 초점을 맞추어야 한다. 자유경쟁질서를 해치고 자원배분을 왜곡시키며 금융 불안과 경제 불안을 일으키는 최대 잠복 요인이라는 점이다. 결국 금산분리 규제의 해체는 소수의 재벌이 지배하는 공화국 체제로 굳히자는 숨은 의도를 드러낸 것이다.

지금까지 **금산분리 문제를 살펴보면** 정부와 여당, 30대 재벌집단, 삼성경제연구소, 현대경제연구소 등 대기업 계열 연구소, 국내 경제단체, 대기업 이해관계 집단 등은 금산분리 원칙을 더 강화하기커녕 오히려 폐지하거나 완화해 줄 것을 줄기차게 주장해 오고 있다. 금산분리 해제는 재벌집단의 이익을 극대화하는 지름길이기 때문에 그들의 주장은 당연하게 들린다.

현재의 금산분리 수준은 산업자본이 은행에 대해 4% 이상의 의결권을 행사할 수 없도록 제한하고 있다. **현행법상으로 산업자본은 은행 지분을 10%까지 소유할 수 있지만 다만 4%를 초과하는 지분에 대해 의결권 행사를 제한해 왔다. 지방은행의 경우에는 15%까지 소유할 수 있고 의결권도 모두 행사할 수 있어 지방은행은 지역 토종 출신 산업자본이 이미 장악하고 있다. 대구은행, 부산은행 등은 이미 해당 지역 출신 대기업 계열사들이 지방은행을 입도적인 지분권을 소유하고 있다.**

대기업 친화적인 이명박 정부와 여당은 은행법과 금융지주사법의 개정을 다시 추진하였다. 은행법 개정안은 대기업의 은행 지분을 현행 4%에서 10%로 확대하고, 금융지주사법 개정안은 보험·증권 지주회사가 제조업체를 자회사로 둘 수 있도록 하는 내용이 골자였다[서울파이낸스, 2009.4.22].

⑤ 대기업의 은행지분소유한도 논란

일부 경제학자들은 대기업의 은행 지분 소유 한도(의결권)를 10%로 확대하고 궁극적으로는 15%까지 늘리는 것이 좋다고 주장한다[강명헌 단국대 경제학과 교수]. 국내 금융 산업의 발전을 위해서는 금융 - 산업 간 칸막이를 낮춰야 한다. 그러나 **금산분리 완화는 금융시스템의 위기를 초래할 수 있다. 금산분리 완화로 재벌이 은행을 소유 지배하게 되면 은행과 기업의 동반부실을 키울 수 있다. 글로벌 금융위기에서 붕괴직전으로 몰렸고 공적자금이 대량 투입되었다는 사실을 직시해야 한다.**

또한 경제 전반에 막강한 영향을 행사하고 있는 재벌이 특정 은행 인수에 참여하거나 최대 주주가 될 경우 은행으로 하여금 계열사에 과다한 대출을 유리한 조건으로 할 수 있다. 그 좋은 예로 삼성은 2008년 비자금사건에서 지배력이 없는 우리은행에 대해서도 대규모 거래자라는 지위를 악용해 비자금 관리, 금융실명제 위반 등 협조를 받았다.

정부는 대주주 적격성 심사와 사후감독을 통해 금융 불안을 제거할 수 있다는 입장이지만 믿기 어렵다. 산업자본이 은행 지분 보유 한도가 4%를 초과해 대주주가 되면 금융당국이 적격성을 심사해 승인하는 등 통제장치가 있다지만 금융비리가 판치고 있는 것이 한국의 세상이다. 은행의 사금고화도 우려스럽다.

금산분리의 강화는 다음과 같이 정리해 볼 수 있다.

① 한국경제와 같이 대기업이 실물 및 금융경제를 절대적으로 쥐고 있고 커다란 영향력을 행사하고 있는 상황에서 대기업과 금융이 합쳐지는 경우 부정적인 영향이 너무 크다. 한편 금산분리 규제의 완화를 거부하는 것은 겸업주의. 신자유주의, 개방화, 글로벌화의 시대정신에 맞지 않고 대세를 거스르고 있다고 주장한다.

② 산업자본이 금융에 들어오는 것을 막는 것 자체가 자유경쟁원리와 시대정신에 거역한 역차별이라고 주장하지만 오히려 자유경쟁원리와 시대정신에 거역한다. 특히 국내로 들어오는 해외금융기관과 경쟁해야 하는 상황에서 국내 안에서 자본의 흐름을 막는 것은 경쟁원칙에도 위배되는 것이 아니라 경쟁 질서를 바로 세우는 제도적 장치이다.

③ 국내 금융회사들은 법적 제한 때문에 국책은행을 인수하기 어렵다는 것도 공정한 경쟁 부재에서 온 것이다. 예를 들면 삼성생명보험회사, 삼성재해보험회사, 삼성증권사, 삼성투자회사, 대구은행 등이 국책은행을 인수하고 싶어도 인수할 수 없도록 한 제도적인 장벽은 그나마 자유경쟁질서를 지키는 최소한의 수단이다.

④ 산업은행, 기업은행 등의 공공금융기관을 쉽게 민영화하고 외국계로 넘어간 민간은행을 토종은행들이 인수 합병을 앞당길 수 있도록 하기 위해서라도 산업자본을 끌어들이는 것이 가장 현실적인 대안이 아니라 비현실인 접근방식이다.

⑤ 이미 축적한 거대 산업자본이 쉽게 금융자본으로 전환할 수 있는 길을 터주는 것이 현재 한국경제를 좌우하는 대기업 지배 경제구조 하에서는 가장 현실적인 접근이 아니라 소수 대기업지배 공화국을 만드는 지름길이다.

⑥ 금산분리로 인해 국내 은행들이 외국 계 자본에 넘어가고 것도 방치할 수 없는 시급한 문제로 등장했다는 것도 잘 못된 진단이다. 이 문제를 해결하는 대안으로 금산분리의 해제하는 길만이 가장 빠른 방안이란 주장은 굳어진 현실을 더욱 왜곡하자는 의도이다.

⑦ 금산분리 규제 완화의 부작용을 막기 위해 관리감독 기능을 철저히 하면 된다고 하지만 한국사회는 신뢰하기 어려운 상황이다. 특히 산업자본이 은행 지분을 소유하도록 금산분리를 완화하는 것이 현실적인 대안이라는 것은 기득권을 강화하는 것이다. 연기금, 사모펀드 등이 은행 지분을 소유하도록 금산분리를 완화하는 것이 현재 한국경제 구조로 보아서

는 현실적인 대안이 될 수 있다.

⑧ 대기업의 은행 지분소유 한도가 완화되면 우리은행, 중소기업은행, 산업은행 등 국책은행의 민영화가 앞당길 수 있다는 것도 자신들의 입장을 유리하게 만드는 조치이다. 국책은행 민영화를 통해 마련된 재원으로 금융소외 계층과 중소기업 등을 지원할 수 있다.

⑨ 지분 소유 확대에 따른 사금고화 우려는 기업들이 컨소시엄을 구성해서 인수하거나 한 기업이 단독으로 인수하는 것은 중요하지 않다. 또한 한 기업이 15%를 인수한다 하더라도 경영권을 행사하기 어렵다고 보는 것은 한국의 소수 대기업집중 현상을 포괄적으로 보지 못한 소산이다.

⑩ 금융회사의 경우 이미 최대주주나 대주주가 자금을 마음대로 사용하는 것을 막는 제도적 장치가 마련돼 있지만 여전히 미흡하였고 빠져나간 출구가 많았다. 사후 규제로서 감독기능을 강화하는 것이 필요하다. 금산분리 원칙을 완화해 민영화의 길을 먼저 터주는 길을 막는 사전 사후 장치가 필요하고 향후 나타날 수 있는 부작용은 감독기능을 강화해야 한다.

⑪ 삼성의 자금이 들어있는 차명계좌는 삼성그룹 주거래은행인

우리은행을 통해 만들어졌다[민주사회를 위한 변호사 모임, 참여연대]. 초일류기업이며 한국의 최대기업이 차명계좌 개설을 통해 금융거래를 했다는 것 자체가 비정상적인 거래로 볼 때 금산분리 규제 완화는 많은 부작용을 야기할 수 있다.

⑫ 산업자본 계열 은행의 경쟁기업에 대한 신용공급 제한이나 경영정보의 계열기업 제공에 따른 기업간 공정경쟁 제한할 수 있다.

⑬ 재벌이 은행을 소유하게 되면 은행이 사금고화 된다. 대형 금융사고 사건이 이를 적나라하게 방증하고 있다.

⑭ 산업자본의 은행소유 규제는 산업자본의 지배를 받는 은행의 계열기업에 대한 자금공급 확대로 은행 건전성 악화 및 전체 금융시스템 안정 위협을 방지하는 장치이다[한국은행].

⑮ 금산분리 원칙은 기업집단 확대 및 은행 기업간 상호지원을 통한 경제력 집중 심화 등을 방지하는 장치이다.

⑯ 금산분리 원칙을 폐지할 경우 국내 산업자본보다는 오히려 외국 산업자본이 은행을 인수할 가능성을 배제할 수 없지만 개방경제논리에 배치되며 지나친 우려다.

⑰ 우리나라의 경우 사외이사, 감사위원회 도입 등 지배구조 개선에도 대기업집단 대주주의 독단적인 경영행태가 아직까지 완전히 해소되고 있지 않다는 점도 대기업 은행소유에서 삼각하게 고려해야 한다.

⑱ 기득권의 경제력 집중 세력으로부터 공정 경쟁의 질서를 지켜내는 것이 정통 시장경제라며 10여 년 전 재벌이 종금사를 소유, 사금고화 함으로써 외환위기의 발단이 됐던 과거 교훈을 얻어야 한다.

⑲ 불필요한 규제를 완화하고 기업가정신을 북돋우겠다는 점에선 공정경쟁을 위해 최소한의 규제는 지켜져야 한다.

⑳ 주인 없는 은행들이 계속 부실해지고, 외국자본이 세계적인 은행자본인데도 계속 문제가 발생하는 상황이다. 재벌계열 금융회사들이 세계적인 금융회사로 발돋움 해가고, 재벌의 지배구조가 개선되면 그때 가서 은행과 산업자본의 분리 완화문제를 고민해도 된다는 사고는 한국금융 발전을 후퇴시킨다.

㉑ 우선 효율적 자원배분과 상시적 기업구조조정을 하는 주체인 은행을 그 대상인 산업자본이 소유하거나 지배하게 되면 효율적 자원배분이 저해돼 자원낭비가 심화되고 있다.

㉒ 소유한 은행이 그 기업이나 경쟁기업 또는 잠재적 경쟁자인 수많은 기업에 대한 대출시 제대로 된 사전 심사나 사후 모니터링을 기대하기 어렵다.

㉓ 주로 남의 돈으로 사업을 하는 은행을 소유 경영하는 사람은 제조업체를 소유·경영하는 사람보다 안정 경영을 추구하는 성향이 훨씬 더 높아야 한다.

㉔ 산업자본은 일반적으로 높은 위험을 부담하면서 새로운 사업을 추진하고 이를 통해 성장을 도모하는 특징이 있다. 따라서 산업자본이 은행을 소유·경영하는 것은 바람직하지 않다.

㉕ 불공정경쟁도 발생할 수 있다. 기업이 은행을 소유하면 은행을 소유하지 못한 기업과의 경쟁에서 근본적으로 우위를 점하게 돼 공정경쟁질서를 왜곡시킨다. 은행은 수많은 기업에 대출을 해주면서 기업정보를 얻게 되므로 정보의 집중 집적 장소다. 따라서 기업이 소유한 은행은 그 기업의 자금조달의 원천이 되고 적대적 M&A 위협이 있을 때 백기사가 돼 줄 수도 있어 공정경쟁을 해친다.

㉖ 아울러 산업자본이 소유한 은행은 보유자산을 계열기업을 위해 운용함으로써 지배대주주와 소액주주·고객 간 이해상충

문제를 일으킬 수 있다. 우리나라와 같이 금융회사를 매개로 한 계열기업 지배구조를 가지고 있는 대기업집단이 존재하는 상황에서 이해상충 문제가 발생할 수 있다.

㉗ 금융 감독에 관한 한 세계 최고 수준을 자랑하는 미국도 산업자본이 은행을 소유하는 것은 원천적으로 불가능하다. 미국에서도 은행을 지배하는 회사는 은행이 아닌 회사 주식을 신규 취득할 수 없고 설립 2년 후에는 은행 및 은행지주회사 이외의 회사 지분 소유도 금지된다. 은행업과 밀접한 관련이 있는 업무 이외의 업무 영위도 금지된다[금융 감독당국, 금융연구원].

㉘ 우리나라 대기업집단이 세계적인 기업을 많이 만들어 냈으니 은행을 인수하면 분명히 세계적인 은행을 만들어 낼 것이란 주장도 논리적이지 않다. 우리나라 대기업집단은 증권회사나 보험사 등 금융회사를 가지고 있지만 세계적인 기업으로 키우지 못한 것이 그의 반증이다[금융 감독당국, 금융연구원].

㉙ 외국자본에 우리나라 은행이 넘어가는 것이 우려되면 주인을 찾아주자 않고도 효율적으로 은행을 경영하는 방안도 있다. 꼭 은행에 주인을 찾아주고 싶다면 길은 있다[금융 감독당국, 금융연구원]. 산업자본이 들어가지 않은 순수 금융자본이 은행을 인수할 수 있다. 기존의 재벌들이 소유 · 지배구조를 개선해 금융

그룹과 일반기업그룹으로 그룹 내 기업들을 분할한 후 그 중 금융그룹이 은행을 인수하는 방안이 있다.

㉚ **세계 어느 나라든 산업자본이 은행을 소유하는 곳은 없다. 거래은행의 지분을 기업이 소유하고 있을 경우 압력을 행사할 가능성을 배제하기 어렵다. 사금고화까지는 아니더라도 대출에 특혜를 주는 등 이해상충 문제가 발생할 가능성이 높다. 세계 100대 은행의 지분을 소유하고 있는 산업자본의 수는 292개에 이른다. 하지만 89%에 해당하는 260개의 산업자본의 경우 은행에 대한 지분율이 4% 미만이다. 세계 100대 보험사도 산업자본의 88.9%가 4% 미만의 지분을 보유하고 있다. 대부분의 국가에서 금산분리 원칙이 철저히 지켜지고 있다**[금융감독당국, 금융연구원].

㉛ 산업자본의 은행 지분 소유한도가 확대되면 국내 산업자본이 아닌 외국 산업자본에 넘어갈 수 있다. 금산분리 완화가 반드시 국내 산업자본이 국책은행의 지분을 소유한다는 보장은 없다. 이미 OECD에 가입한 상황에서 외국자본에 대해 차별하기 어렵다. 막대한 자금력을 가진 외국자본이 국내은행 지분을 인수할 가능성이 더 크다[금융 감독당국, 금융연구원].

㉜ 국책은행 민영화를 위한 금산분리 완화도 명분이 약하다. 국

민연금 등 연기금 풀을 이용하는 방법이나 금융회사가 상호 주식을 보유할 수 있도록 하는 방안에 대해서도 고민해야 한다[금융 감독당국, 금융연구원].

㉝ 금융 산업이 지속가능한 성장을 위해서는 금융 인프라 정비가 시급하다. 대형화 · 겸업화 등 변화하는 금융환경에 선제적으로 대응할 수 있도록 소유 · 지배구조와 금융지주회사제도를 개선해야 하며 금산분리 문제와 외국자본의 국내 금융회사 소유에 대한 해법이 필요하다[금융 감독당국, 금융연구원].

㉞ 금융지주회사 제도 개선도 시급한 과제다. 최근 은행을 중심으로 금융지주회사 전환이 화두지만 지주회사와 자회사간 역할 구분이 명확하지 않다[금융 감독당국, 금융연구원].

㉟ 금융지주회사 제도가 발전하기 위해서는 연결납세제도를 도입해야 한다. 연결납세제도란 법률적으로는 독립되어 있지만 경제적 또는 실질적으로 결합되어 있는 기업집단을 과세대상으로 하는 세제다. 예를 들어 A사가 자회사로 B · C사를 거느리고 있을 경우 지금은 이들 3개 회사에 따라 세금이 부과되지만 연결납세제도는 이들 3개 회사의 이익과 손실을 모두 합쳐서 세금을 부과하게 된다[금융 감독당국, 금융연구원].

㊱ 적대적 M&A가 기업지배구조 개선을 통해 주주가치를 극대화하는 측면이 있어 M&A를 통한 견제와 기존 경영진의 방어수단 간에 적절한 조화가 필요하다. 적대적 M&A 방지 대책의 일환으로 감독당국 등 일각에서 제기하고 있는 포이즌 필(poison pill), 이른바 독소조항 도입 필요성을 전혀 없다. 감독당국과 재계는 그간 국내 기업이 경영권 방어를 위해 자사주를 매입하는 등 쓸데없는 곳에 많은 자금을 쏟아 붙고 있다며 M&A에 대한 방어책 도입이 시급하다고 주장했다. 그러나 인위적인 경영권 방어수단이 자본의 자유로운 이동을 차단하는 등 국제기준에 벗어날 수 있다.

㊲ 국내 기업의 경우 투명성과 구조조정의 효율성이 아직도 선진국에 비해 떨어져 M&A와 같은 시장의 압력을 통해 개선여지가 있다. 일본 기업들이 포이즌 필 등을 도입한다는데 결코 바람직하지 않다. 지금 우리 제도는 글로벌 스탠더드에서 벗어나 있지 않지만 새로운 제도를 도입한다면 벗어나게 된다. 다만 기업경영권시장을 통한 기업지배구조 개선과 관련해 가족 자본주의와 함께 펀드자본주의에 대한 논의가 필요하다.

㊳ 우리나라 뿐 아니라 유럽 · 미국에서도 차등의결권, 다단계 출자구조 등 총수가문의 지배력을 높이기 위한 시도가 광범위하게 이뤄지고 있다며 가족 자본주의와 관련해 한국의 재벌문화

가 기업지배구조에 미치는 영향 및 향후 정책방향에 대한 논의가 필요하다. 아울러 사모투자펀드(PEF) 등 펀드를 통한 기업 M&A가 기업지배구조에 미치는 영향과 차입매수(LBO)와 관련된 정책방향에 대해서도 논의할 필요가 있다.

저자약력

저자 양 종 기(梁 鍾 基)

- 연세대학교 경제학과, 학사
- 독일 자유 베를린 대학교 Diplom-Volkswirt
- 독일 자유 베를린 대학교 경제학 박사
- 서경대학교(구 국제대학) 전임교수
- 현재 E&I Center 대표

❒ 저서와 주요 논문 및 연구보고서

- Die Crowding-Out Problematik im Rahmen der Kurz-und Langfristigen Analyse, Peter Lang, 1987(mana cum laude; 최우수 박사 논문).
- 위기가 기회다, 공저, 다산출판사, 1998년
- 기관투자가의 자산운용(공저), 국민연금연구센터, 1998년
- 한국의 자본시장과 경제발전(공저), FESKOR SYPOSIUM, 1988년
- 경제의 이해, 원출판사, 2007년
- 거시경제학, 원출판사, 2008년
- 화폐금융 국제금융, 원출판사, 2009년
- 시장경제와 경제이론, 원출판사, 2009년
- 알기 쉬운 투자론, 신론사, 2010년
- 경기 안정화와 재정지출 및 통화정책, 경상논총, 1987년
- 한국의 자본시장과 경제발전, 경상논총, 1988년
- 환율결정과 그의 변동, 투자금융, 1989년
- 토빈의 Q이론과 통화 및 공채 발행의 국민 경제적 파급 효과, 투자금융, 1989년
- 독일 지방재정과 지방의회에 대한 연구, 지원연구논문, 1992년
- 독일 연방과 주 및 게마인데(Gemeinde)의 공채관리에 관한 연구, 지원연구논문 1992년
- 스위스, 독일, 영국의 금융제도에 대한 비교 연구, 지원연구논문, 1995년
- 기관투자가의 자산운용, 지원연구 보고서, 1998년
- 독일 연방과 주 및 게마인데(Gemeinde)의 공채관리에 관한 연구, 연구보고서, 1992년
- 공채발행을 통한 재정금융정책의 효과에 대한 고찰, 한국산업 연구, 1992년
- 미국 단기금융시장에 관한 소고, 투자금융, 1994년
- 多資産市場, 實物市場, 財政政策, 서경대학교논문집, 1994년
- 스위스, 독일, 영국의 금융제도에 대한 비교 연구, 지역연구, 1996년
- 공채발행의 국민 경제적 파급 효과, 서경대학교 논문집, 1996년
- 유럽의 자산관리업과 은행 진출의 동향, 금융, 2002년
- 유럽금융의 구조적 특성과 은행대출경로, 산업경영연구, 2002년
- 최근 미국 은행산업의 변화와 추이, 금융, 2003년
- 재정정책이 경제성장에 미친 이론적인 고찰, 사회과학논문집, 2007년
- 한국경제는 정상적인 시장경제인가?, 2013년
- 국민행복시대는 열릴 것인가?, 도서출판 ONE, 2013년
- 달러와 한국경제, 도서출판 ONE, 2013년
- 한국의 부동산경제, 도서출판 ONE, 2013년
- 한국경제와 한국주식 투자, 도서출판 ONE, 2014년
- 세계경제 속 한미경제, 도서출판 ONE, 2014년
- 한국경제와 생활환경, 도서출판 ONE, 2015년
- 무책임한 정부, 불확실한 미래, 도서출판 ONE, 2015년
- 한국 금융시장 및 금융기관의 불안정과 비효율, 도서출판 ONE, 2016년

[양종기 박사의 경제이야기_10]

불안한 금융경제, 비효율의 한국금융

초판 인쇄 • 2016년 4월 1일
초판 발행 • 2016년 4월 8일
저 자 • 양 종 기
발 행 인 • 정 성 열
발 행 처 • 도서출판 ONE
주 소 • 서울특별시 마포구 토정로 222
등 록 • 제313-2003-427호
전 화 • 02-323-8536
팩 스 • 02-323-8531

저자와의 협의하에 인지생략

ISBN 978-89-6481-302-7

정가 13,000원

– http://one-book.co.kr